前　言

海关统计是我国进出口货物贸易统计，是国民经济统计的重要组成部分，海关统计制度方法是关于进出口货物的统计范围、统计项目、统计原始资料采集与数据质量控制方法、统计资料编制管理与应用等基本要素的规范表述和统一规定。中华人民共和国成立以来，海关统计制度方法随着经济社会的发展和时代的进步不断健全完善。

海关统计有着悠久、厚重而曲折的历史。海关统计始于1859年，在中华人民共和国成立后几经起伏，一度中断，于1979年筹备恢复，1981年正式对外公布海关统计数据。海关统计在改革开放的大潮中重焕生机。伴随着我国对外贸易的快速发展，海关统计事业不断改革和进步，海关统计制度方法作为其发展历程的重要方面，经历了不平凡的征程：第一阶段（1980—1984）恢复海关统计工作，建立统计制度；第二阶段（1985—1994）完善海关统计制度，统计基础工作全面加强；第三阶段（1995—2005）加强统计法治建设，统计制度不断发展；第四阶段（2006—2017）推进统计标准化建设，统计服务能力显著提升；第五阶段（2018年至今）海关机构改革职能优化，新海关统计制度的发展进入新阶段。40多年来，海关统计制度方法法制化、规范化、信息化建设稳步推进，成为海关统计工作的基石。

全书共分6章，每章以海关统计制度发展变化为基本线索，以每一版海关统计制度实施的重要时间节点为主线，精选统计制度方法改革和发展历程中的重要事件和重大调整，书后附录包含各阶段重大事件及主要进出口数据。本书收录的资料截至2021年9月底。

值此中国共产党成立100周年之际，本书以科学、严谨的态度回顾、整理、考证40多年来海关统计制度方法的历史变迁，真实展示了海关统计制度方法的发展历程，再现海关统计人艰辛创业、开拓创新、埋头奉献的精神风貌，既是了解和研究海关统计制度方法发展史的重要文献，也是提升海关统计制度方法设计管理能力的权威资料，有助于我们全面了解海关统计工作及其发展变化，总结40多年来建构制度方法的轨迹，汲取其中的宝贵经验，树立新发展理念，谋划新发展格局，加快海关统计制度方法改革创新，助力海关统计体系和统计能力现代化。

回顾和记录海关统计制度方法的历史，对于海关统计工作者牢记初心使命，推进海关统计事业发展具有深刻意义。学习和感悟海关统计制度方法的历史，更是与习近平总书记提出的“学史明理、学史增信、学史崇德、学史力行”的目标高度契合。以史为鉴，开辟未来，海关统计人必将以更加坚定的理想信念、更加昂扬的斗争精神、更加饱满的奋斗激情，走好新的赶考之路，为实现第二个百年奋斗目标汇集最磅礴的力量，书写属于新一代海关统计人的辉煌篇章。

海关总署统计分析司

2021年10月

《中国海关统计制度方法——庆祝中国共产党成立 100 周年暨恢复公布海关统计 40 周年》数字阅读移动端

实时更新　移动便捷

1 功能简介

为满足读者移动办公及实时阅读与检索信息的需求，中国海关出版社有限公司开发了针对本书内容的数字阅读移动端，免费向本书读者开放，供读者在移动端阅读和全文检索。

2 开通流程

2.1 刮开图书前勒口防伪标涂层，打开手机微信，扫描二维码。

注：每个二维码只能被扫描一次并开通权限，不能重复扫描。

2.2 扫描成功后，系统自动弹出“中国海关出版社申请获取以下权限”对话框。

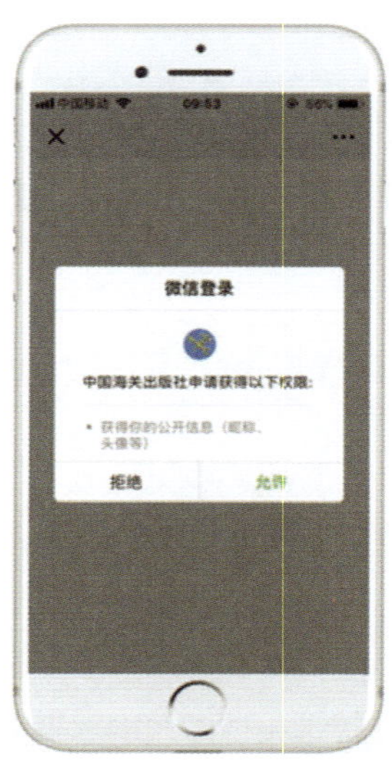

2.3 点选“允许”后，首次微信扫码用户，还须进行手机号验证，并设置用户密码，以保证增值服务权益不受损。

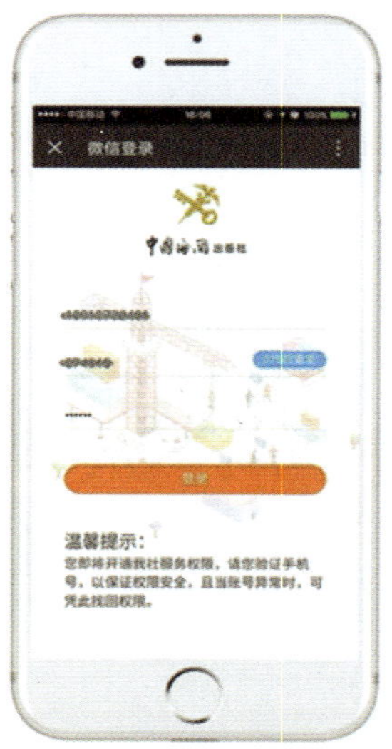

2.4 手机号验证成功后，系统自动弹出认证成功提示框。

2.5 点选“立即进入”后，即可开通“海关出版”微信服务号下方的“数字图书馆”，点击“中国海关统计制度方法”后继续使用。

目录

第一章 概　述

一 海关统计制度的历史溯源

中国是世界文明古国，海关具有悠久的历史。在19世纪初叶以前，中国海关一直由本国政府所管辖。1684年，清政府解除“海禁”，准许对外通商，并批准在粤、闽、江、浙四地设立海关作为户部直属机构，统一办理对外贸易事务。各海关内设柬房（又称册房），负责每年一次或两次将贡舶、市舶、税款以及行商大宗货物的数量统计入册，上送户部，这是海关统计的早期阶段。

当时，统计项目[1]并不固定，仅统计货物数量，不统计货物价值。雍正年间，清政府重视关税收支统计，建立“满关”造册奏销制度，即定期上报税收等统计资料的制度。海关根据这一制度对所辖口岸的关税收入、海关收支及外国籍船舶数目等按年度进行汇总，编制稽查册（又称清册）上报，这是中国海关早期的统计资料。

第一次鸦片战争后，中国的关税自主权在清政府被迫签订的一系列不平等条约下逐步丧失，海关事务的管理权也逐渐被外国人掌控。1854年7月，由英、法、美三国各派一人组成的“税务管理委员会”正式负责江海关的行政事务，成为外国人管理中国海关的开端。英国人李泰国、赫德等外籍总税务司[2]全面借鉴西方海关的管理理念与实践经验，在中国海关内部

1　在海关统计工作实践中，统计项目也称为统计指标。

2　李泰国（Horatia Nelson Lay，1833—1898），1861年1月—1863年11月任总税务司；赫德（Robert Hart，1835—1911），1863年11月—1911年9月任总税务司。

建立了包括统计制度、会计制度、人事制度和考核制度在内的一系列业务和管理制度。1859年，江海关和粤海关率先开展规范化的统计工作，建立严格的申报、汇总和出版机制，编印海关统计报表。随后，浙海关、津海关、闽海关于1861年，厦门关于1862年，江汉关于1863年也相继开始编印海关统计报表。海关统计报表以实际进出口货物为主要统计对象，故称“贸易统计”，涉及海关税钞、货物分类及船只吨位等，对国外和国内埠际贸易进出口货物分“来源”和“去向”两类统计，1868年后调整为“外洋”和“通商口岸”两类统计。

1859年至1863年期间，各通商口岸海关按季度自行编制统计资料后报送总税务司署。1864年，总税务司署开始编制《贸易统计报告》，各地海关不再自行编印统计资料，而由江海关负责兼办汇总编制出版工作。根据总税务司署的要求，各地海关在报送统计报表的同时，增加报送年度贸易情况的分析报告。

1873年，总税务司署设立统计科[1]，各海关编制的贸易统计报表及贸易年度报告统一归其管理。1882年起，总税务司署将贸易统计报表和贸易统计分析报告合并，编制英文版《通商各关华洋贸易总册》(*Returns of Trade at Treaty Ports and Trade Reports for the Year*)，之后在英文版的基础上增加中文版，统一出版发行，一直延续到1949年。

1928年年底，国际联盟[2]通过《国际经济统计公约》(*International Convention Concerning Economic Statistics*)，要求各国采用统一的方法编制统计资料，并按期出版统计刊物。中华民国国民政府加入该公约后，开始按公约规则编制报表，采用集中统一的统计编制制度。1931年前，海关统计工作完全是通过人工操作实现的。1931年6月，总税务司署撤销各地海

1　李长哲.旧海关总税务司署统计科简况[J]// 人民海关，1950，1：40.

2　国际联盟（League of Nations），简称国联，是《凡尔赛和约》签订后组成的国际组织，成立于1920年1月10日，解散于1946年4月18日。1934年9月28日至1935年2月23日处于高峰时期，曾拥有58个成员。其宗旨是减少武器数量、平息国际纠纷、提高民众的生活水平以及促进国际合作和国际贸易。1945年，第二次世界大战结束后，国际联盟被联合国取代。

关统计科，取消各地海关编制统计资料的工作。总税务司署购买了中国第一套统计机器，次年起启用统计机器代替手工编制报表。至此，中国海关统计进入使用机器编制统计报表的时代。

自1859年起到1949年中华人民共和国成立前，中国海关完整地积累了近百年中国对外贸易进出口货物统计资料。其中总税务司赫德通令各关负责收集当地十年内发生的重大事件，编纂并公开发行的五期《十年报告》(*Decennial Reports*)[1]，真实记录了中国社会经济发展长达50年的主要情况，内容不仅涵盖与海关相关的贸易、航运交通、税收、货币金融等情况，还详细记录了工业、农业、教育、人口、司法、物价、灾情、文化甚至气象情况等社会经济、各行各业、官方民间的重大事件和重要变革情况。这些统计资料以其编制时间之长，内容之广泛，表达方式之科学、严谨，成为中国近代史中最为系统完整的统计资料，对于研究近代中国民族工商业的发展历史和国际贸易关系都具有重要的参考价值。

二 中华人民共和国成立初期，海关统计得到党和国家领导人的高度重视与亲切关怀

1949年3月，为了迎接新民主主义革命的胜利，做好解放全中国的各项准备工作，毛泽东同志提出“立即统制对外贸易，改革海关制度，这些都是我们进入大城市所必需首先采取的步骤”[2]。1949年10月，中央人民政府海关总署正式成立，标志着完全独立自主的人民海关诞生。海关统计工作开启了崭新的篇章。党和政府对海关统计极为重视，从1949年10月海关总署成立到“文化大革命”前，海关总署经过多次体制变动和机构精

1 《十年报告》自1882年至1932年共出版五期（第一期1882年至1891年，第二期1892年至1901年，第三期1902年至1911年，第四期1912年至1921年，第五期1922年至1931年），前四期为英文版，第五期增加中文版。1932年后，因时局变化停止编纂发行。

2 毛泽东. 毛泽东选集（第4卷）[M]. 北京：人民出版社，1991：1434.

简，但内设机构一直保留统计处。

周恩来同志对海关统计工作十分关心。1950年10月6日，他在中央人民政府政务院（以下简称政务院）第五十三次政务会议上谈到如何接收、改造旧海关时指出，“一方面，它是帝国主义的半殖民地的产物”，“不能像工厂的房产那样整套地接收过来”，“另一方面，许多业务、行政、技术、方法是有用的，如海关的统计就是比较可靠的，有些资料和业务经验也是比较有用的，应该接收过来加以改造”[1]。周恩来同志特意为《海关统计》刊物题写了刊名。自此，“海关统计”一词正式成为我国进出口货物贸易统计的代名词，一直沿用至今。（见图1–1）

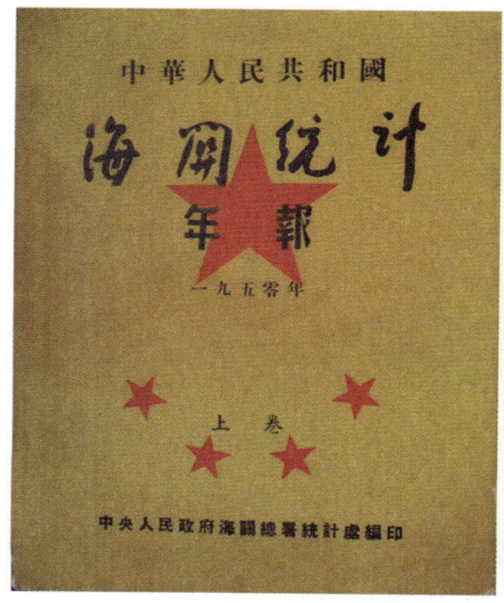

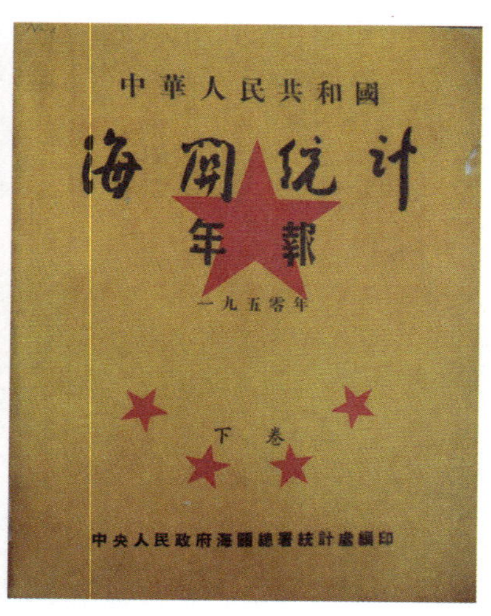

▲ 图1–1 1950年《海关统计》年报

三 中华人民共和国成立初期的海关统计工作

1949年12月30日，政务院第十三次政务会议正式批准的《中央人民政府海关总署试行组织条例》规定，海关总署的职责任务共10项，其中

1 《中国海关通志》编纂委员会.中国海关通志（第二分册）[M].方志出版社，2012：1206.

包括“编制中华人民共和国对外贸易海关统计，指导全国海关统计工作”。根据该条例，海关总署设立统计处，共74人，占海关总署编制超过1/3，处长由旧中国海关地下党员、九龙关起义的组织者之一林大琪担任。统计处的职责是编制商品目录，制定中华人民共和国对外贸易海关统计的方法，编辑对外贸易统计概要，计划与出版刊物，指导全国海关统计工作。

1950年，时任海关总署署长孔原同志在部署新海关的方针任务[1]时指出，新海关区别于旧海关的一大特点是人民海关必须有自己的任务范围，必须把海关任务和我国新民主主义的经济政策，尤其是对外贸易政策密切结合，并指出“出版刊物编制统计，首先建立进出口统计月报的工作”。统计工作成为1950年海关的4项中心工作之一。

1950年7月，海关总署统计处克服地域阻隔、资料缺失等重重困难，编制出版了《一九四九年中国对外贸易报告》（见图1–2），保持了海关统

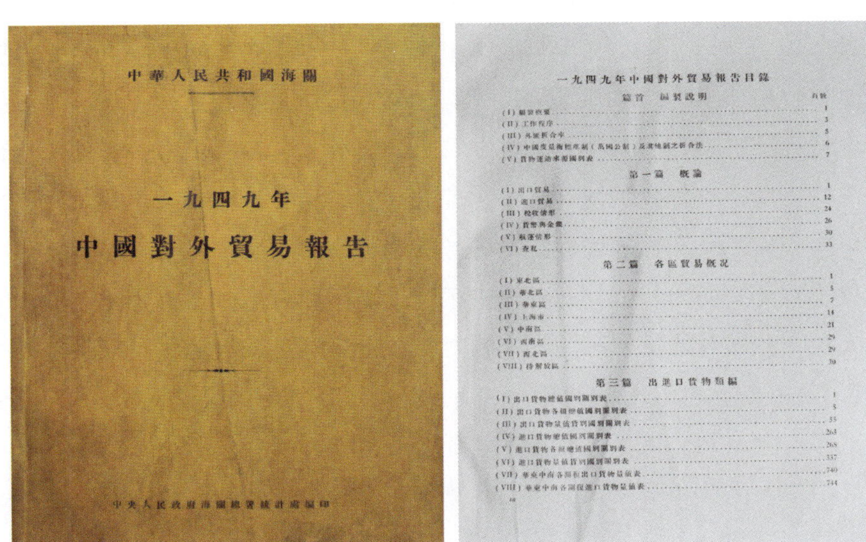

▲ 图1–2 中华人民共和国成立后，海关总署于1950年编印的《一九四九年中国对外贸易报告》

1 孔原，新海关的方针任务[J]// 人民海关，1950，1：5.

计的延续性，为中华人民共和国的对外贸易发展和海关建设提供了宝贵的资料。1950年海关统计年报中收录了《对外贸易分析》和《税收与查私》两份报告，这是中华人民共和国早期的海关统计分析报告，内容涉及按照进出口商品构成、贸易伙伴国、经营单位、关别等角度分析的进出口货物贸易情况，还包括海关税收与查私等业务分析，跟踪反映了中华人民共和国对外贸易日新月异的变化。1951年3月23日，政务院第七十七次政务会议通过《中华人民共和国暂行海关法》，赋予海关“编制对外贸易海关统计”的职责。编制海关统计从此成为中华人民共和国海关的法定任务与职责之一。

四 中华人民共和国第一部海关统计制度诞生

1953年1月9日，政务院第一百六十六次政务会议通过《中央人民政府政务院关于海关与对外贸易管理机关实行合并的决定》，将海关总署划归对外贸易部[1]，与对外贸易部对外贸易管理局合并组成对外贸易部海关总署，统计处仍是当时海关总署内设的11个处之一，职责是拟订对外贸易海关统计方法，指导各关统计工作，编制对外贸易统计，出版有关刊物。为适应中华人民共和国国民经济发展的需要，海关统计取消了与对外贸易进出口货物无关的内容，补充、改进了统计指标和商品分类，并制定了《中华人民共和国对外贸易海关统计制度》(1955年12月16日经国家统计局批准，1956年起实施)。这是中华人民共和国海关第一部统计制度，海关统计工作由此走上了制度化发展的道路。

中华人民共和国成立初期，私营企业在对外贸易中占有较大比重，国

1　现为商务部。根据职责的调整，其名称的历史变迁为：中央人民政府贸易部（简称贸易部，1949年11月—1952年8月）、中央人民政府对外贸易部（简称对外贸易部，1952年8月—1982年3月）、对外经济贸易部（1982年3月—1993年3月）、对外贸易经济合作部（1993年3月—2003年3月）、商务部（2003年3月至今）。本书根据不同时期采用对应的机构名称。

营外贸公司的业务统计刚刚起步，以进出口货物报关单为统计原始资料编制的海关统计全面反映了我国进出口状况，为中央人民政府编制国民经济发展计划和对外贸易计划、检查计划实施情况提供了全面及时的统计资料，对促进国民经济的发展起到了积极作用。同时，海关统计资料也见证了中国共产党带领人民完成新民主主义革命、确立社会主义基本制度的历史实践。

五 “文化大革命”开始，海关统计停止编制

1956年年底，我国对私营工商业的社会主义改造基本完成，国家实行严格的中央指令性对外贸易计划，只能由国营外贸公司按照计划进口和出口。当时，我国受到西方国家封锁，仅与少数社会主义国家进行极其有限的对外贸易。随着国有外贸专业公司业务统计工作的日臻完善，按照进出口业务计划编制的外贸业务统计和以进出口货物报关单为统计原始资料编制的海关统计越来越接近，出现了海关统计与外贸进出口业务统计并存的局面，海关统计的作用逐渐降低，海关统计月报表和季报表相继停编，只保留年报作为政府各部门编制长远规划和科学研究使用的历史资料。1960年11月，对外贸易部海关总署改编为对外贸易部海关管理局（以下简称海关管理局），统计处仍是海关管理局内设的7个处之一，职责是办理海关统计原始资料的审核，编制统计年报，指导各地海关的统计工作。

“文化大革命”时期，我国统计体系遭到严重破坏，海关统计也被迫中断。1967年9月9日，对外贸易部下发通知，停止编制对外贸易海关统计。1968年11月，撤销统计处。1966年至1979年期间，对外贸易部采用进出口公司业务数据编制的进出口统计是我国对外贸易官方统计资料。

六 改革开放后，恢复编制海关统计

改革开放后，海关统计工作随之恢复，伴随着中国改革开放和经济飞

速发展的步伐，海关统计制度和方法经历了不平凡的征程。从1980年正式恢复海关统计开始，海关统计率先接轨国际规则，奠定制度基础，持续提高信息化应用水平，加强法治建设，提升统计监督和服务能力。

几十年来，海关以服务国家建设为目标，紧紧围绕各个时期国家和海关的工作重点，全面采用联合国国际货物贸易统计标准[1]，夯实法制基础，完善制度规则，逐步建立起一套科学的统计制度方法，在国家宏观经济调控、贸易政策措施的制定与实施、海关科学管理以及对外交流等方面发挥着日益重要的作用。（见图1–3）

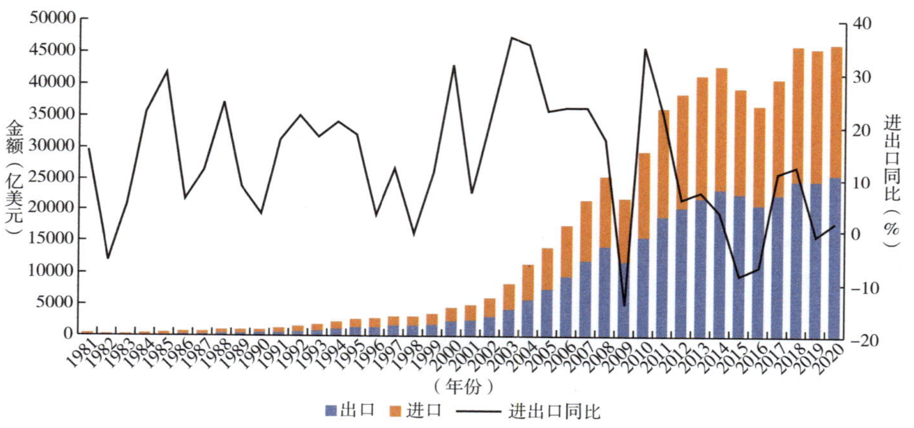

▲ 图1–3　1981年至2020年我国货物贸易进出口趋势图

1　联合国国际货物贸易统计标准指《国际商品贸易统计：概念和定义》，该标准是联合国建议各国政府在编制本国对外商品贸易统计时共同遵守的国际标准和业务规范，由联合国统计司主持制定、联合国统计委员会审议通过、联合国秘书处颁布。该标准于1970年出版，1982年第一次修订，1997年第二次修订，目前最新版本是《2010国际商品贸易统计：概念和定义》。就进出口商品而言，“商品”一词不仅指商业性交易对象的商品，也包括援助、捐赠等未发生买卖关系的货品。本书中“商品”与“货物”概念所指对象一致。

第二章
改革开放大潮下的海关统计制度（1980—1984）

回望历史，中国的改革开放创造了经济高速发展和社会长期稳定的奇迹，同时也给海关统计的恢复和发展带来了弥足珍贵的历史机遇。沐浴着改革开放的春风，中国海关率先在经济社会统计领域参考国际标准制定进出口货物贸易统计制度，海关统计工作全面恢复。海关统计立足新起点，再次成为中国进出口货物贸易的官方统计。

一 改革开放呼唤海关统计的恢复

40多年前的中国，刚刚从“文化大革命”的影响中走出来，冰雪未消，荆棘丛生。在海关统计的这片土地上，悄悄酝酿着一场波澜壮阔的历史巨变。1978年年底，党的十一届三中全会作出把党和国家工作中心转移到经济建设上来、实行改革开放的历史性决策，中国进入一个崭新的发展阶段。随着国家对外开放政策的实施，中国的对外关系和对外贸易迅速发展，国际交往日益扩大，经济管理体制与对外贸易体制改革也在如火如荼地进行中，参与对外经济贸易活动的单位日益增多，贸易方式更加灵活多样。

面对新的形势，海关顺应国家工作重点的转移，适时确定了“依法监管征税，方便合法进出，制止走私违法，保卫促进四化”的工作方针，鼓励和促进外向型经济发展。海关统计作为国家宏观经济调控和服务对外贸易的重要资料，其重要性也被重新认识。社会各界纷纷呼吁恢复海关统计，恢复编制海关统计工作成为当时海关业务建设中的大事。

1979年，对外贸易部、国家统计局作出决定，从1980年1月1日起恢

复编制海关统计。1979年5月，海关管理局委派从事过海关统计工作的张志超、杨世英和李志忠3人组成“恢复海关统计筹备小组”（以下简称筹备小组），开始了海关统计艰苦卓绝的“二次创业”。海关统计的恢复是一个“漫长”而又“短暂”的过程，筹备小组夜以继日，在建章立制、机构设置、人员培训等各方面投入大量心血，短短半年内就完成了筹备工作。

设立统计机构

统计机构和统计人员是开展工作的前提条件，建立一支政治立场坚定、业务精湛的干部队伍首先被提上日程。1967年海关统计中断前，海关管理局统计处设有两个科，统计人员共30多人，每年处理30多万份报关单原始资料，经过整理分类、机器打孔、审核制表，完成统计工作。在改革开放之初的1979年，海关管理局只有6名统计干部，而对外贸易规模比10年前又有了很大的增长，恢复海关统计是一项艰巨的任务，面临很多未知的事项和繁杂具体的工作，人员必须迅速到位。筹备小组经过数次报告，向海关管理局党组争取到统计处25人的编制。人员主要由两部分组成，一部分从原海关统计处和其他部属单位中调配，另一部分从高中毕业生中招收并进行培训。此外，各直属海关根据统计业务的需要，配备了一批工作责任心强的业务骨干承担统计工作。据统计，海关统计恢复半年内，全国海关中有15个海关建立了统计科、组等机构，共配备了统计人员237名，其中专职统计人员125名，兼职统计人员112名，为顺利开展统计工作、按时恢复海关统计提供了保障。

1980年2月9日，国务院决定改革海关管理体制，成立中华人民共和国海关总署，作为国务院直属机构，并将编制海关统计明确列为海关4项基本任务之一。统计处[1]成为海关总署首批10个内设处级机构之一，其职

1　现为统计分析司。1980年恢复海关统计后，根据海关总署内设机构及职责的调整，其名称的历史变迁为：统计处（1980年2月—1982年11月）、关税统计司（1982年12月—1985年2月）、直属统计处（1985年3月—1986年8月）、综合统计司（1986年9月—2018年7月）、统计分析司（2018年8月至今）。本书根据不同时期采用对应的机构名称。

责是拟订海关统计制度及其实施细则；研究联合国标准商品分类，编制海关统计商品目录，指导有关海关统计商品归类问题；检查、指导各海关的统计工作；审核统计原始资料，编制海关统计月报、年报，编辑出版海关统计刊物；对海关统计数据进行分析研究工作等。1982年12月18日，统计处和关税处合并成立关税统计司，成为海关总署首批7个司局级单位之一。1985年3月29日，海关总署对内设机构进行调整，将统计处从关税统计司分离出来，改设直属统计处。1986年9月5日，海关总署成立综合统计司，进一步加强了对统计工作的领导。

建立接轨国际的商品分类目录

机构和组织确定后，采用何种制度和标准开展统计是统计工作的第一要务。其中，重点是确定商品的统计分类原则，必须要编制统一使用的商品目录，使成千上万个品种、规格、成分、用途各异的进出口商品能够按照科学、系统的结构，分门别类地进行统计。为此，筹备小组开展了大量的调研工作，走访了中国机械设备进出口总公司等主要进出口企业，拜访外贸专家，征集了各方面的意见，研究了许多国家和地区的对外贸易统计制度。筹备小组查找翻译了两万多字的国际海运商品分类目录、《海关合作理事会商品分类目录》、联合国《国际贸易标准分类》（*Standard International Trade Classification*，SITC）[1]，以及美、英、日等国家分类目录的简介和主要内容，经过比较和研究，最终决定以SITC第二次修订本为基础，编制我国海关统计商品目录[2]。

SITC是一种用于国际商品贸易统计和对比分析的标准分类方法，是当时国际贸易中应用较广泛的商品分类体系之一，联合国统计委员会敦促各国使用该目录编制本国的对外贸易统计。SITC采用经济分类标准，按照原

1 SITC于1950年由联合国统计委员会审议通过，共52章，570个基本编号，此后分别于1960年、1975年、1986年和2006年修订。

2 1992年之前，海关税则和海关统计商品目录采用不同的编码体系。

料、半制品、制成品顺序分类，并反映商品的产业来源部门和加工阶段；采用5位数编码结构，第1位数代表“类”，第2位数代表“章”，第3～5位数依次为“组”“分组”和“项目”。该目录将全部国际贸易商品按经济类别划分为10大类：食品及主要供食用的活动物，饮料及烟类，非食用原料（燃料除外），矿物燃料、润滑油及有关原料，动、植物油、脂及蜡，化学品及有关产品，按原料分类的制成品，机械及运输设备，杂项制品，没有分类的其他商品[1]。前5大类合称为初级产品，后5大类合称为工业制成品。（见图2–1）

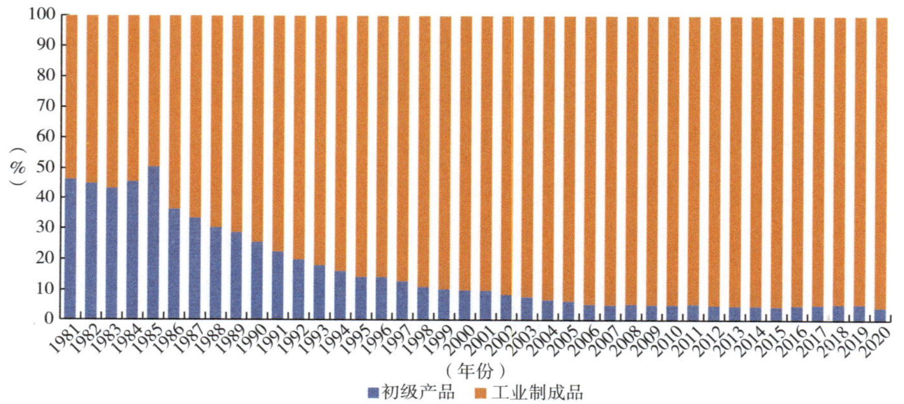

▲ 图2–1 1981年至2020年我国出口商品构成趋势图

以SITC为基础编制海关统计商品目录有以下三个优势：一是采用经济分类标准，即按原料、半制品、制成品分类，便于经济分析；二是分类聚集性强，可以根据需要，按照不同编码数的层级进行汇总统计和经济分析；三是便于开展国际交流和数据对比。

SITC比较适合当时国际贸易规模较大的发达国家，我国在采用SITC编制本国商品目录时，并没有直接复制使用，而是在SITC结构的基础上，增加第6位本国子目，用于统计我国贸易量较大、国家重点关注的进出口商品

1 该分类及名称出自SITC第二次修订本，现行的SITC第四次修订本的部分分类及名称有调整。

等。第一版《中华人民共和国海关统计商品目录》[1]中本国子目达2700余个[2]。

商品分类标准确定后，1979年9月，海关总署从北京、上海等海关借调专家骨干到京参加《海关统计商品目录》的编制工作。经过3个月的集中攻坚，同年12月，《海关统计商品目录》如期问世，全国海关同步正式启用该目录。《海关统计商品目录》是海关统计恢复后第一部与国际接轨，同时又结合本国实际的海关统计商品分类专业书籍，按年度编制《海关统计商品目录》成为海关统计工作的重要组成部分。此外，为了统一归类，各直属海关对商品归类的疑问可以通过海关统计商品目录归类建议单报送海关总署，海关总署除答复各关的疑问外，还印发海关统计商品更改表，反馈更改情况，并且不定期编印海关统计商品目录归类单，便于全国海关提高统计商品归类水平。

统一报关单格式

改革开放之初，对外贸易逐步复苏，国际经贸往来日趋频繁，报关单数量也快速增长。当时，全国没有统一的进出口货物报关单，即使同一个口岸的报关单也有很大差别，样式和内容各不相同，不利于海关统计的编制。设计全国统一的进出口货物报关单成为筹备小组成立后的另一项重点工作。鉴于上海海关于1978年4月就开始尝试手工统计上海口岸进出口数据，已经有了一年多的经验，筹备小组委托上海海关协助设计第一版报关单。为了尽快设计出全国普遍适用的报关单，上海海关调阅了大量旧报关单和有关资料，深入研究分析，反复征求意见，很快设计出横版的出口报关单和竖版的进口报关单，并于1979年9月1日派员赴海关总署提交新报关单样本。

---

1 以下除特殊说明外，各个时期的《中华人民共和国海关统计商品目录》均简称为《海关统计商品目录》，并附年份说明。

2 从1980年到1991年，中国海关以SITC为基础收集、编制和发布进出口货物贸易统计数据。1992年，中国正式成为《商品名称及编码协调制度公约》（*International Convention for Harmonized Commodity Description and Coding System*）的缔约方，开始以该公约为基础编制我国进出口税则和海关统计商品目录，编制、发布我国货物贸易进出口统计数据，与此同时，继续采用SITC编制、公布我国进出口商品构成统计和进行贸易统计分析。

新报关单申报项目多，填报相对复杂，推行之初遭受了一些阻力。为了推进报关单的统一，筹备小组顶住压力，组织了多次报关单修改座谈会，积极协调沟通，取得各部门共识。1979年9月17日，对外贸易部和国家统计局联合下发通知，对新报关单的样式、填报要求作了规定，并明确了报关单是编制海关统计的原始资料。此后，不少地方由当地政府出面召开了口岸单位会议，研究落实统一使用新报关单的办法和措施，全国外贸系统为使用新报关单作了一系列准备，共同协商解决报关工作中存在的问题，如广东省外贸系统组织编写了许多有关报关问题的参考资料，对海关货管干部和报关人员进行培训等。1979年12月15日起，各地海关先后开始试用新报关单。1980年1月1日起，全国统一的进出口货物报关单正式启用（见图2–2）。海关报关单证的统一，为海关统计原始资料的科学、规范、统一采集奠定了基础。这一版报关单一直沿用至20世纪80年代末。几十年来，为适应不断变化的海关管理要求及通关信息化的发展，报关单已几经版本更新，但除部分栏目有所变动外，贸易伙伴国[1]、商品、贸易方式、经营主体、价格、商品数量等核心内容基本未变，确保了海关统计项目的稳定性和延续性。

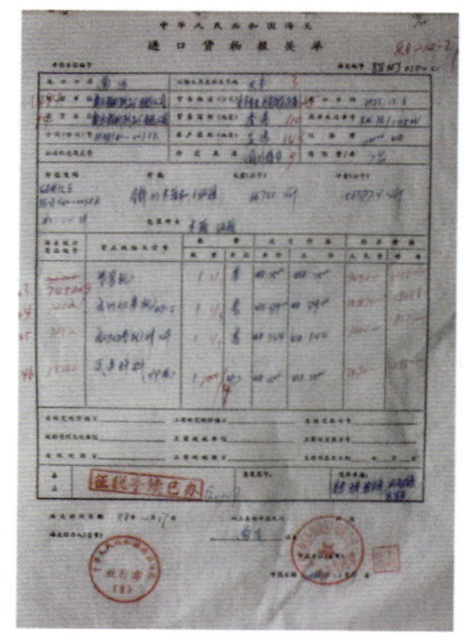
中华人民共和国海关
进口货物报关单

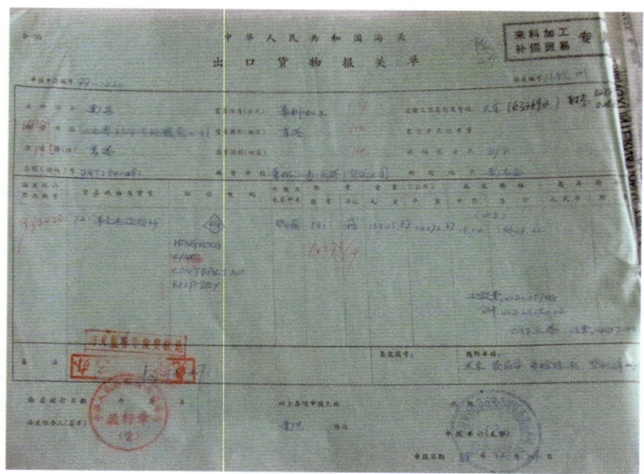
中华人民共和国海关
出口货物报关单
来料加工
补偿贸易
专

▲ 图2–2　20世纪80年代使用的进出口货物报关单

1　以下除特殊说明外，本书所称的“国”“国别”“国家”均包括地区。

二 海关统计制度的制定

1979年11月，全国海关征税、统计、货管工作专业会议在上海举行。筹备小组负责人张志超在会上作了“恢复海关统计，为四个现代化服务”的发言，介绍了恢复海关统计的重要性和必要性、海关统计的方针和任务、海关统计范围和统计项目等，并报告了恢复海关统计的筹备工作情况。与会代表一致认为，海关统计不是简单的恢复问题，而是新形势对海关工作的迫切要求。会议讨论并通过了《中华人民共和国海关统计制度》[1]及其实施细则。上海会议后，各地海关采取召开各种类型座谈会、编印宣讲报关须知以及信函联系等方式，大力宣传恢复海关统计的重要性。不少海关还编写了常见进出口商品编码表、进出口货物平均运保费率表等资料，便于统计人员尽快掌握基本工作要领。1979年12月13日，对外贸易部和国家统计局联合颁布《海关统计制度》，自1980年1月1日起实行。1980年版《海关统计制度》的颁布与实施，标志着中断了13年的海关统计工作正式恢复，海关统计从此开启了新征程。

1980年版《海关统计制度》以国际通行的对外贸易统计标准为基础，在保证数据国际可比性的同时，还兼顾了我国改革开放和对进出口宏观管理的需求。其中，统计范围的界定原则以及商品分类、统计价格、数量计量、贸易伙伴国、运输方式等统计项目的定义和统计方法与联合国制定的国际货物贸易统计标准一致；进出口货物的经营单位、贸易方式、外汇来源、关别等统计项目是按照国家宏观经济管理和海关对进出口货物实施监管的需求而设置的，其定义和统计方法与海关有关法规和业务管理办法一致。1980年版《海关统计制度》是中华人民共和国成立以来，我国宏观经济统计制度中第一个与国际标准接轨的统计制

1 以下除特殊说明外，各个时期的《中华人民共和国海关统计制度》均简称为《海关统计制度》，并附年份说明。

度，为建立既具有国际可比性，又满足国家改革开放和现代化建设需要的海关统计指标体系奠定了坚实基础，为海关统计的科学性和完整性提供了根本保证。

1980年版《海关统计制度》共10章36条，确定了海关统计的性质、方针和任务，对海关统计的范围以及商品名称和编码、数量、价格、国别、经营单位、贸易方式、运输方式、外汇来源、关别、时间等海关统计项目作了具体的规定，并明确了海关统计的原始资料、组织机构和分工、分析研究的重点和报表、刊物。

为了贯彻执行1980年版《海关统计制度》，保证各地海关对该制度的正确理解和统一执行，保障海关统计资料的准确性、及时性和完整性，海关总署还同步制定了《中华人民共和国海关统计制度实施细则》[1]。1980年版《实施细则》共5章25条，对海关统计的范围和项目的统计标准或计算方法作了细化；对海关统计原始资料的收集方法和内容以及免于更正统计资料的分类处理等作了详细的规定，并对报关单的审核、批注统计代号[2]及寄送等工作作了具体的说明。

海关统计的性质、方针和任务

1980年版《海关统计制度》明确规定，海关统计是国家统计的重要组成部分，是制定对外贸易方针、政策和计划的依据之一，是检查和监督对外贸易计划实际执行情况、研究对外贸易发展和国际经济贸易关系的重要资料。海关统计工作必须贯彻实事求是、科学实用、准确及时、简明完整的方针，为中国社会主义现代化建设服务。海关统计的任务是对实际进出

1　以下除特殊说明外，各个时期的《中华人民共和国海关统计制度实施细则》均简称为《实施细则》，并附年份说明。

2　为了将统计原始资料上的信息输入电子计算机并编制海关统计，海关为所有的统计指标设置了专门的数字代号，其中贸易方式2位数，国别3位数，经营单位3位数，外汇来源1位数，运输方式1位数。恢复海关统计之初，统计代号由统计人员在报关单上手工批注。

我国关境[1]货物的品种、数量、价值、国别、经营单位、贸易方式等进行统计和分析，反映我国对外贸易的发展变化情况。

海关统计的范围[2]

1980年版《海关统计制度》规定，海关统计的范围包括：我国对外贸易实际进出口的货物；国家间相互援助的物资和大宗捐赠品；通过我国关境的转口贸易货物；边境地区小额贸易进出口货物；其他进出口货物。1980年版《实施细则》对每一类货物的定义作了规定，如国家间相互援助的物资和大宗捐赠品是指我国政府机关、团体与外国政府机关、团体相互无偿援助的物资和相互赠送价值在1万元[3]以上的进出口物品。又如，边境地区小额贸易进出口货物是指按照边境地区小额贸易监管办法进出口的货物。

1980年版《海关统计制度》和《实施细则》还对不列入海关统计的货物作了明确规定，这些货物包括：不通过我国关境的对外贸易货物；暂时进、出口最后尚须复运出、进口的物品；存入保税仓库的货物；非贸易性进出口物品。对于过境的外国货物，1980年版《海关统计制度》规定其不列入我国对外贸易进出口总额，应单独统计。此后，海关总署专门制定了过境货物统计办法，明确过境货物是指从国外起运，经过中国陆地，继续运往国外的货物，不包括在中国港口转船和空运过境的货物。

海关统计的商品、价格和数（重）量

1980年版《海关统计制度》规定，《海关统计商品目录》应根据我国进出口货物的实际情况，参考SITC编制。列入海关统计范围的进出口货物和物品，均应按照《海关统计商品目录》的分类原则和编号归类统计。

1　关境是一个经济体的海关法所适用的区域。1980年版和1985年版《海关统计制度》中也称之为“国境”，1995年版《海关统计制度》调整为“关境”。

2　根据联合国统计司制定的《国际商品贸易统计：概念和定义》，列入对外贸易统计的商品应同时具备两个条件：一是实际进出境，二是增加或减少境内的物质存量。

3　除另有说明外，本书中的“元”均为人民币元。

进口货物按照到岸价格统计，出口货物按照离岸价格统计。海关统计价格以人民币计值，同时另以美元计值，按照国家外汇管理局核定的各种货币对美元内部统一折算率折算。进口货物的价格，按照货价、货物运抵我国境内输入地点起卸前的运输及其相关费用、保险费之和统计。出口货物的价格，按照货价、货物运抵我国境内输出地点装卸前的运输及其相关费用、保险费之和统计。空运、邮运进出口货物，进口采用货物运到指运地的到岸价格，出口采用货物运离起运地的离岸价格。1980年版《实施细则》明确规定，所称的“到岸价格”和“离岸价格”，应按下列办法计算：①根据有关货物单据，如合同（协议）、发票、装箱单、运单、保险单等所列的实际数据计算。②进口货物在向海关申报时，如果不能取得实际保险费、运杂费数据，可按照定额费用或者按照常数计算。③出口货物的成交价格如果是到岸价格，或者包括付给国外的佣金、折扣等费用，应当将国外的运杂费、保险费或佣金、折扣等费用扣除。但是，对我国港澳地区出口的货物，以到岸价格成交的，只扣除以外币或外汇人民币支付的运杂费和保险费。④进出口寄售货物和运往国外加工后出售的货物的统计价格，根据合同或者有关单证上核定的到（离）岸价格计算。

统计数（重）量是指商品的实物量，用以反映实际进出口商品的物量规模和发展变化情况。进出口货物应按照《海关统计商品目录》规定的计量单位统计数（重）量。重量一律按净重统计。确定净重时，一般以扣除外层包装后的自然净重为计算标准，以海关查验放行时的实际重量和数量为依据。为全面反映商品的数（重）量特征，《海关统计商品目录》还对部分商品设置第二计量单位，统计第二数（重）量。

海关统计的国别

进出口货物按照产消国和贸易国分别统计。

就“产消国”而言，进口货物统计原产国，出口货物统计消费国。其中，“原产国”是指进口货物产制的国家，如果原产制国的产品经过其他国家加工，以最后加工的国家为原产国，但是仅经过简单整理，如改

装、涂写标记等并未改变货物性质、规格者，不作加工论。“消费国”是指出口货物实际消费的国家，如果不能确定消费国的，可以根据买方的通知、合同（协议）或者信用证等资料，以尽可能预知的最后售予国或者最后运往国作为消费国，并且可以参考下列规定办理：①运往国与售予国一致，而且转运的可能性很小的，一般即以运往国为消费国。②售予甲国而运往乙国的，如果乙国并非中途转运国，一般即以乙国为消费国。如果运往国为中途转运国，一般即以最后运往国为消费国。对于成交条款订为选择港的，以第一选择港为消费国。③对同港、澳商人成交并且运往我国港、澳地区的货物，或者运往港、澳地区的寄售货物，显然不是在港、澳地区消费但又不能预知其最后消费国的，可以按港、澳地区统计。

“贸易国”以与我国签订合同（协议）的国家或成交厂商所在的国家确定。对通过驻港、澳机构成交的贸易，如果在货物进出口时，能够根据合同（协议）、往来函电、价格条件、唛头标记等资料，确定是与其他国家成交的，即按照实际成交的国家统计；如果不能确定的，即按照港、澳地区统计。

海关统计的经营单位、贸易方式、外汇来源、运输方式

经营单位指标反映对外贸易由谁经营，各经营单位进出口情况及其在对外贸易中所占的比重。经营单位分为对外贸易部所属的单位，国务院各部、委经营外贸的单位，各省、自治区、直辖市经营外贸的单位，中外合营企业，外资企业和其他等6种。1980年版《实施细则》对每一类经营单位的定义作了规定，如国务院各部、委经营外贸的单位是指国务院各部、委、局直属的经营对外贸易的总公司及其分公司。

贸易方式指标主要反映对外货物贸易各种交易方式进出口的情况及其在对外贸易中所占的比重。贸易方式分为一般贸易、转口贸易、国家间援助物资和大宗捐赠品、补偿贸易、加工装配、进料加工、寄售贸易、特区贸易、边境地区小额贸易和其他等。1980年版《实施细则》对主要贸易方式的定义作了规定，如加工装配是指主要由外商提供一定的原材料、零部

件、元器件，必要时提供某些设备，由我国工厂按照对方的要求进行加工或装配，成品交给对方销售，我方收取工缴费，外商提供设备的价款，由我方用工缴费偿还。有的采取运进的原料和运出的成品各作各价，分别订立合同，我方赚取差价，用差价即工缴费偿还设备价款。又如，特区贸易是指中央特许某些省、市划出一定特殊地区，在特区内允许华侨、港澳商人直接投资办厂，也允许某些外国厂商投资设厂，或同他们兴办合营企业和旅游等事业，凡从国外进入特区的货物，或从特区出口到国外的货物，属于特区贸易统计范围。

外汇来源分为中央外汇、地方外汇、贷款外汇、分成外汇、国外投资和其他。

运输方式分为江（海）运输、铁路运输、汽车运输、空运、邮运和其他。

海关统计的关别和统计时间

海关统计的关别按最后完成货物进出口验放手续的海关统计，即以完成办理查验、征税放行手续的海关为统计关别。对从甲地进口监管至乙地办理海关手续的进口货物，列入乙地海关关别统计。在乙地海关办理海关手续监管至甲地海关核放出境的出口货物，列入甲地海关关别统计。

进口和邮运出口货物均以海关放行货物的日期为统计时间，其他出口货物以装运货物的运输工具经海关放行结关的日期为统计时间。对暂时进出口货物，如果不复运出、进口，以向海关补办正式进出口手续的日期为统计时间。对特许经过未设关地区进出口的货物，以实际进出口日期为统计时间。

海关统计的原始资料及分工

海关统计的原始资料是进出口货物报关单。进出口货物的收、发货人或其代理人应当向海关递交进出口货物报关单，并按规定附送合同（协

议）、发票、装箱单。收、发货人或其代理人必须在向海关递交的报关单上准确填报下列基本内容：详细货名、规格，重量、数量，成交价格、运杂费、保险费和到（离）岸价格，产消国和贸易国，经营单位，贸易方式（性质），外汇来源。根据海关统计审核要求，收、发货人或其代理人还应交验其他有关单证和资料。

1980年版《海关统计制度》规定，海关统计原始资料由进出口地海关（分关）负责审核和批注统计代号，同时应按照规定，每月分批寄送海关总署。有条件的海关应负责将海关统计原始资料按统计报表要求进行汇总统计和分析。海关统计原始资料填报或寄送后，如果发现填报错误、统计内容变更或已经进出口的货物因故被退回，有关单位应当立即办理书面更正手续。

海关统计的分析研究和报表、刊物

1980年版《海关统计制度》规定，海关统计的分析研究重点是对外贸易实际进出口货物的增减和变化情况；出口农产品、轻纺工业产品、手工艺品和重工业产品的构成及变化情况；各种经营单位的经营额比重；各种贸易方式的发展变化情况；进出口货物国别的发展变化情况。

海关统计的报表和刊物由海关总署负责编制，报表种类分为月报和年报。其中，月报包括5张报表，分别为全国进出口货物总值表、主要商品分类总值表、产消国和贸易国别总值表、经营单位总值表、贸易方式总值表；年报包括14张报表，分别为全国进出口货物总值表，货物分类总值表，进口货物生产资料和生活资料构成表，出口货物农产品、轻纺工业产品、手工艺品和重工业产品构成表，经营单位总值表，贸易方式总值表，运输方式总值表，进口货物外汇来源总值表，产消国和贸易国别总值表，关别总值表，进出口货物量值表，出口国别货物量值表，进口国别货物量值表，过境货物统计表。

海关统计的组织领导和统计人员

1980年版《海关统计制度》规定，海关统计工作由海关总署领导。海关总署设立统计机构，具体负责海关统计的编制工作，各地海关应根据统计业务规模，设立统计机构或专职统计人员。

三 制度出台后的实践与完善

1981年9月，胡耀邦同志在听取国家统计局关于统计工作的汇报时，对统计工作作了重要指示，指出“做任何工作，没有自己这一行的数字概念，就不可能有正确的方向、路线、方针、政策”[1]，并在第五届全国人民代表大会第四次会议的政府报告中指出必须发挥统计对经济的指导和监督作用。1981年9月，国务院批转国家统计局关于加强和改革统计工作报告的通知中指出，“统计工作是了解国情国力、指导国民经济和社会发展的一个非常重要的手段”[2]。恢复海关统计后，海关坚持以数据服务对外贸易发展为己任，在实践中不断对统计制度体系进行全面建设和完善，提高数据准确性和时效性。

举办恢复海关统计后的第一期培训班

从1980年贯彻执行《海关统计制度》及其《实施细则》开始，全国海关统计人员积极投身到海关统计的学习和建设中，在工作中学习，在实践中锻炼。海关总署于1980年7月16日—8月5日在青岛举办了海关统计干部培训班，这是恢复海关统计以来的第一期培训班（见图2-3），此次培训集中了全国海关统计骨干50余名，培训的主要形式是授课与讨论相结合，通过深入学习国务院关于加强统计工作的相关规定

1 总署统计处. 努力提高海关统计的准确性和时效性[J]// 人民海关，1982，1：13.

2 同上。

▲ 图2-3　1980年恢复海关统计后，全国海关第一期统计业务培训班在青岛海关举办

以及国家层面的统计工作重点，了解统计工作的背景和任务。同时，各直属海关相互交流了经验，对1980年版《海关统计制度》及其《实施细则》的内容、海关统计商品归类原则、如何提高统计资料的准确性等进行了一次系统全面的学习。经过3周的学习讨论，学员们统一了对海关统计工作重要性的认识，掌握了业务技能和标准，探讨了恢复海关统计以来统计工作中各类实际问题的解决方法，此次培训为继续培养海关统计力量打下了良好的基础。此后，海关总署于1981年又举办了第二、第三期培训班，持续开展统计业务技能培训。同时，还通过分片组织统计工作座谈会和研讨会，交流工作经验，解决疑难问题，进行业务指导，提高统计人员水平。1983年，海关总署派出统计干部参加联合国统计司为国家统计局举办的讲习班，学习了解国际统计标准。

1980年版《海关统计制度》实施后，海关总署关税统计司统计处的主要工作是审核各关邮寄到海关总署的进出口货物报关单。由于统计处人力不足，有的统计人员对审核工作和统计制度还不够熟悉和了解，审核速度滞后于全国各地报关单邮寄到海关总署的速度。为了处理来不及审核的大量积压的报关单，第一期青岛培训班后，海关总署从各关学员中挑选了几位同志来京协助审核报关单。当时，每人每周需要审核约2500份报关单。大量的审核工作使统计人员很快就熟记了各类统计项目的含义和代码，业务能力迅速提高。

紧跟外贸发展，对统计范围进行微调

改革开放初期，新的贸易模式日益增多。在1980年版《海关统计制度》实施后，海关总署主动服务外贸体制改革，紧跟外贸发展，在符合国际货物贸易统计标准中关于统计范围的原则性规定的前提下，对我国海关统计范围进行了一系列微调。一是将外国驻我国常驻机构进出口的公用物品列入海关统计范围。二是规范了货样、广告品的统计，对不列入海关统计的无商业价值和使用价值的价购货样、免费赠送的货样和广告品进行了列举和说明，并规定各种货运方式进出口的货样、广告品，价值在500元以下的，一律免报统计资料。三是明确了租赁货物的统计。对于租赁期满需要复运出口的，作为暂时进出口货物，不统计；租赁期满机械设备归承租人所有，不再复运出口的，则按照一般贸易统计，并按合同规定的租金总额一次列入统计。四是对联合国所属国际组织提供的援助物资和赠品，贸易方式统计为“国家间相互援助的物资和大宗捐赠品”，对国内机关、团体、学校等单位接收的国外赠品，总金额在1万元以上的列入统计，1万元以下的不统计。五是对国务院批准可以开展对外承包工程的公司，明确其购买的机械设备和技术装备等物资列入统计，非购买的一年期限内复运出口则不统计，逾期不复运出口的列入统计。

调整经营单位统计分类

对外贸易作为连接国内经济和世界经济的重要桥梁和纽带，始终处于改革开放的前沿阵地。改革开放初期，随着一系列开拓创新的政策落地实施，中国外贸领域的改革也开始艰难破冰。1979年起，国家逐步完善外贸

管理，重新实行进出口许可证制度，增设对外贸易口岸，下放对外贸易经营权，极大地激发了外贸企业和地方发展外贸的积极性，参与对外经济贸易活动的单位日益增多。海关紧紧把握国家外贸体制改革的脉搏，紧跟外贸政策变化，适时对经营单位指标进行了调整，以更好地反映各方面经营外贸的情况及其发展变化趋势。

一是调整海关统计经营单位的范围，对1980年版《海关统计制度》中6大类经营单位包含的具体范围作了修改，如扩大了各省、自治区、直辖市经营外贸单位的范围，包含了京津沪三市和一些省成立的进出口总公司。二是根据外贸体制改革后外贸公司从属关系的变化，以地方为主的省、自治区、直辖市外贸总公司及其分支机构，凡实行独立核算、自负盈亏的，均作为省、自治区、直辖市经营外贸的单位统计，不再作为对外贸易部系统经营单位统计。如从1981年起，广东、福建两省的外贸公司及其下属公司的进出口贸易，其经营单位由“对外贸易部所属单位”调整为“各省、自治区、直辖市经营外贸的单位”中广东省和福建省项下。三是明确了中外合作经营单位的填报，凡是合作经营进出口的货物，其经营单位归入“中外合营企业”，仅仅进行技术合作的一般贸易进出口货物以国内进出口货物的企业确定经营单位。四是根据外贸体制改革后联合经营对外贸易形式的快速发展，增列了联营企业指标。

外汇紧缺年代的外汇来源

海关统计的外汇来源指标用以反映进口货物中中央外汇、地方外汇等各来源外汇所占的比重，分析各来源外汇购买进口货物的结构。20世纪80年代，我国生产制造能力有限，大量工业产品需消耗外汇购买进口，而以纺织业和简单加工业等为主的出口商品赚取外汇能力不足，外汇紧缺，国家对外汇使用实行严格的管理和调控，以落实国家宏观经济管理和保障国家经济安全。

自1980年恢复海关统计，海关统计项目设置外汇来源指标，分为中央外汇、地方外汇、贷款外汇、分成外汇、国外投资、其他6种。之后，外汇来源改为中央外汇、地方外汇和地方留成外汇、中央各部留成外汇、其他（如贷款外汇、国外外汇、营运外汇以及进口货物不需支付外汇）4种。1993年起，外汇来源指标在原来4种的基础上增列一项“不支付外汇”。

为适应社会主义市场经济体制，按照国际惯例开展对外贸易，国家全面实施财税、金融、外贸等重大改革措施，自1994年1月1日起，国家取消了外汇留成、上缴和额度管理制度。海关统计外汇来源分组及时作出调整，取消了地方外汇和地方留成外汇、中央各部留成外汇。随着国家对外汇管理体制改革的推进，官方汇率和市场汇率并轨，实行结售汇制度等措施，1995年1月1日起，海关取消报关单中外汇来源项目的申报，该项目自此退出海关统计的历史舞台。外汇来源项目14年间的存在与变化，反映出中国改革开放的不断深化和经济的日益强盛。

加工贸易统计方法

发展加工贸易是国家促进外向型经济的一大举措，也是改革开放后产生的新事物，为中国经济的腾飞作出了不容忽视的贡献。1978年7月15日，国务院颁布了开展对外加工装配业务试行办法，打破了中国以实物商品买卖为主的单一对外贸易形式。1978年8月，隶属于东莞第二轻工业局的太平服装厂与香港信孚手袋制品有限公司签订了为期5年的“来料加工”手袋合同，借用同属第二轻工业局的虎门太平竹木器厂厂房，创立太平手袋厂，为港商“来料加工”生产女装手袋产品。东莞太平手袋厂获得政府允许办厂的“粤字001号”批文，成为中国首批“三来一补”[1]企业之一。之后，珠三角和长三角地区数以万计的工厂都采用“三来一补”的生产模式，与之后出现的进料加工贸易合称加工贸易，一度构

1 “三来一补”是来料加工、来件装配、来样加工和补偿贸易的合称。

成了中国对外贸易的半壁江山（见图2-4）。为了集中反映各行业经营加工装配业务的情况，海关统计方法作了一系列规定，对加工装配和一般贸易作了区分。根据国务院关于开展对外加工装配和中小型补偿贸易办法的规定，外商来料来件部分占产品原辅料总值百分之二十以上的，视为加工装配，按照加工贸易统计，不足百分之二十的，则视为一般贸易，按照一般贸易统计。此外，针对加工装配进口料件品种繁杂等情况，单独增列海关统计商品编码，对加工装配进出口货物的统计方法作了简化。

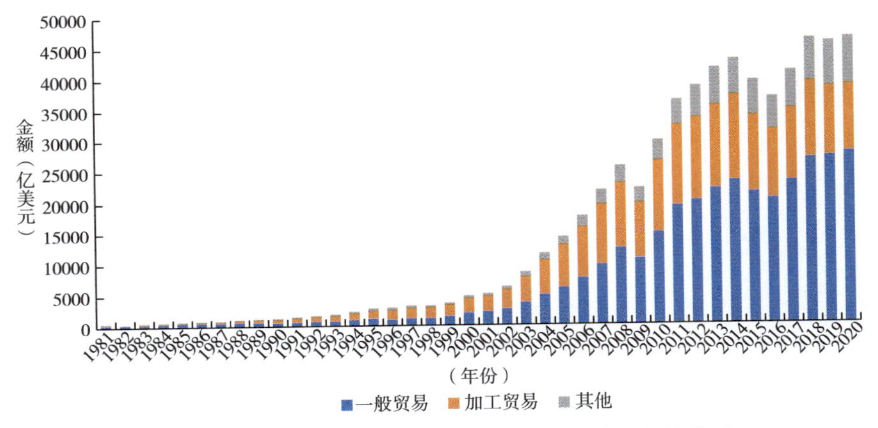

▲ 图2-4　1981年至2020年我国进出口贸易方式趋势图

统计价格折算的反复斟酌

1980年版《海关统计制度》规定，统计价格以人民币和美元同时计值。1979年12月，经国家统计局批准，海关管理局制定海关统计价格折算方法，规范进出口货物价值统计。对各种外币折算美元，按照货物进出口日的国家外汇管理局核定的各种外币对美元内部统一折算率计算；各种外币折算人民币，按照货物进出口日的国家外汇管理局公布的人民币对各种货币的外汇牌价的买卖平均数（即中间价）折算。通知还规定了对港澳地区出口货物价格的填报方法。此后，海关总署多次修订统计价格折算办法，解决执行过程中出现的问题。

1980年2月，为解决没有外汇牌价或内部统一折算率的外币折算问题，海关进一步完善了统计方法，建议申报单位向当地中国银行了解外币对美元的内部折算率折算美元，然后再按人民币对美元的外汇牌价买卖平均数折算人民币。但由于申报单位不能及时掌握银行外汇牌价变动情况，折算率的使用极不统一，仍然影响到统计价格的准确性，海关总署于1980年6月简化了统计人民币价格的折算方法，统计用的人民币价格直接采用征税用的到岸价格，申报单位按填制报关单或明细单日所属月份的折算率计算人民币值，海关放行时如已跨月可不必调整折算率。为了解决各种外币对人民币的银行外汇牌价变动频繁而折算统计价格困难的问题，1980年7月，对各种外币折算人民币改用每个月的外汇牌价买卖平均数折算。此外，由于中国与苏联以及其他东欧社会主义国家贸易关系密切，对苏联和东欧国家铁路联运进口的货物，还特别明确了卢布兑人民币和兑美元的折算方法。

手工批注统计代号和海关统计原始资料审核

在恢复海关统计的筹备过程中，海关管理局统一了各关审核海关统计原始资料批注统计代号的做法，规定海关统计原始资料中的经营单位、运输方式、贸易方式、贸易国别、产消国别、商品编码、外汇来源以及数（重）量单位和第二数量单位8个统计项目，应当在审核后用红笔批注规定的统计代号（见图2–5）。对于人民币值、美元值、数量（包括第二数量），应当在审核后用红笔在数字末尾向右上方斜剔标明。当时，统计人员将手工批注统计代号工作称为“做单”（见图2–6）。

▲ 图2–5　20世纪80年代，海关统计人员在报关单上批注统计代号

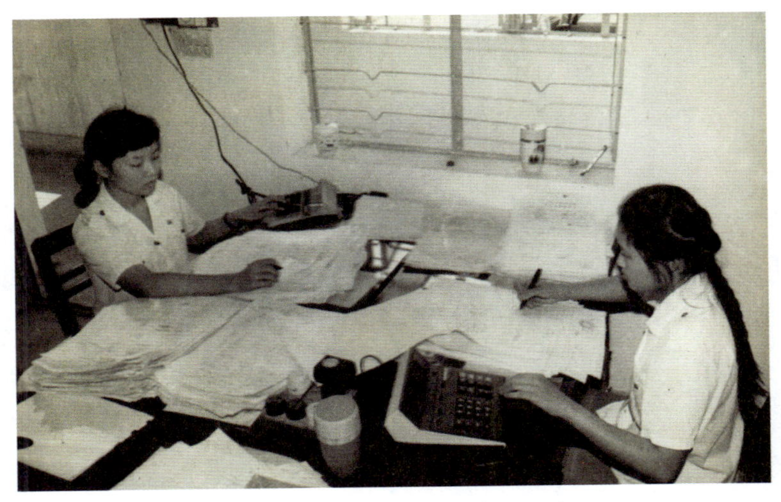

▲ 图2-6　海关统计人员在“做单”

商品知识浩瀚无边，统计代号繁多难记，每张报关单的代号间还有多种逻辑关系，工作难度很高。尤其难的是要求统计人员一看到中文就得背出代号，这对记忆力是一大考验。这种高强度的作业模式，训练出了一大批业务精湛的海关统计人员，他们对各种统计代号非常熟悉，2700多个商品编码、200多个国别代号以及其他统计项目共3000多个统计代号，他们都如数家珍，信手拈来。在审核报关单时，双手作业，右手持红笔，在报关单的统计项目栏批注代号，为录入员作出标记；左手敲击计算器，核算商品数（重）量、成交价格、统计人民币值和统计美元值等数值型项目。当时，一支红笔、一把长尺子、一个计算器成为海关统计人员审核数据的必备“三宝”。直到H883报关自动化系统[1]统计子系统上线运行，海关统计人员才结束手工批单、人工审核的工作状态。

为了审核录入计算机的数据是否准确，20世纪80年代初，海关统计

1　H883报关自动化系统是海关利用电子计算机技术对进出口货物进行全面控制及处理的综合性应用项目，由海关总署自主研发，包括进出口货物的前期管理、现场监管及后续管理的全过程。其记录和存储的数据信息能反映进出口货物及其监管过程的全面情况，并构成全国海关进出口货物综合数据库。其中的统计子系统专门用于统计数据的采集、转换及复核处理。

人员开始通过打印数据审核表（俗称“过录表”）对数据进行审核。过录表将相同商品编码的数据记录排列在一起，便于统计人员发现问题。统计人员审核有疑问的，会用尺子画直线标识出来，再查找原始报关单进行核对。

为避免海关统计原始资料的重复或缺失，海关总署规定海关统计原始资料由最后完成进出口货物放行手续的海关负责寄送，并填写寄送统计资料清单。进出口统计资料一律按印刷品挂号寄送，每月寄送统计资料的次数由各关自行掌握，最后一批应寄的统计资料必须在次月7日前全部寄出。为了确定各关当月报关单是否全部寄出，防止在邮政环节丢失报关单，各海关在寄出当月所有报关单后，需要向海关总署发送一封代码电报，报告当月寄出进口报关单和出口报关单份数，以便海关总署核对有无丢单。电报内容是“（1）××××，（0）××××”，“（1）”代表进口，“（0）”代表出口，“××××”表示报关单份数。这样的电文曾一度引起邮局的警觉，认为这种“密码”电报有“敌特”嫌疑，拒绝办理发报业务，并将这一情况报告有关部门进行调查，后经海关总署证明，各关发电报问题才得以解决。

四 恢复海关统计数据发布制度

经国务院批准，自1981年起，我国对外公布进出口贸易情况时使用海关统计数据。1982年4月30日，国家统计局发布《1981年中国国民经济和社会发展年度统计公报》，对外贸易部分使用海关编制的进出口数据。海关统计数据发布制度逐步恢复。

海关统计快报制度的诞生

海关统计快报为海关初步统计数据，是对海关统计原始资料进行初步审核汇总后编制的概要统计。为了及时掌握全国进出口情况，为编制国民经济计划提供必要的资料和对外公布有关进出口统计资料，在海关统计恢复之初，国家统计局转达来自国务院的要求，希望海关能在每月15日前

将上月的进出口货物总值和主要商品数量报送该局。海关总署经过研究决定，自1981年6月起，在各关审核寄送统计原始资料的基础上，增加电报报告制度，由各关对进出口货物总值自行汇总，于次月7日前电报报送海关总署。同年12月，增加报送主要商品数量。1983年1月起，又增加电报报告内容，进出口主要商品由原来的57项增加至141项，同时增加报送商品金额，表式、主要商品项目和电报代号都有变化。

海关统计快报长期以内部刊物方式供党中央、国务院及各有关部门参考使用。1992年1月，海关统计快报的部分内容对外公开，称为海关统计快讯，自2006年8月起，海关统计快讯在海关门户网站对外公布。随着信息化技术在统计工作中的深入应用，快讯的编制时间不断缩短，很好地满足了社会各界对海关统计数据的及时性需求。

海关统计数据发布制度逐步恢复与完善

1980年4月，中国恢复在国际货币基金组织（International Monetary Fund，IMF）的合法席位，国际货币基金组织成员有义务定期提供本国经济统计资料（包括进出口贸易统计）。1981年2月，就向国际货币基金组织提供我国进出口贸易统计数据事宜，中国人民银行、中国银行、国家统计局、财政部、对外贸易部、海关总署、外交部联合向国务院作了请示。经国务院批准，自1981年起，按季度向国际货币基金组织提供中国海关编制的进出口统计数据。同时，在对外提供之前以海关总署名义在《人民日报》和《中国财贸报》上公布，内容为3项，分别为全国进出口货物总值、全国进出口货物分类总值、全国进出口主要商品量值。

1984年起，我国以海关统计作为中国对外贸易官方统计，向联合国提供统计资料。1986年7月，中国正式申请恢复在关税及贸易总协定（以下简称关贸总协定）[1]中的缔约方地位，关贸总协定秘书处要求中国提供对外贸易详细统计数据。国务院召集的关贸总协定协调会议明确，涉外提供进出口数据以海关统计为准。1989年起，海关总署按季向中国驻主要贸易伙伴国商务处寄送海关统计资料。

1988年1月，中央电视台和新华社首次播发中国进出口海关统计数据，此后定期发布。1990年，部分省市新闻媒介也开始在报道中使用海关进出口统计数据，各地海关的统计数据发布工作逐步开展。

海关统计刊物的编辑出版工作不断发展

1981年，海关总署编制海关统计快报、月报和年报等，作为内部资料，送阅国务院和政府有关部门，不对外公开[2]。1982年8月，海关总署创办《海关统计》季刊，按季度发表中国对外贸易统计数据，面向社会公开出版发行（见图2–7）。同时，将海关统计月报、年报由送阅改为内部发行，以扩大海关统计数据的使用范围。1983年6月，海关总署与香港经济导报社合作出版的英文版

▲ 图2–7　1982年8月，《海关统计》季刊创刊

1　关税及贸易总协定（General Agreement on Tariffs and Trade，GATT）是一个政府间缔结的有关关税和贸易规则的多边国际协定。其宗旨是通过削减关税和其他贸易壁垒，消除国际贸易中的差别待遇，促进国际贸易自由化，以充分利用世界资源，扩大商品的生产与流通。它是世界贸易组织（WTO）的前身，1995年1月起调整为世界贸易组织。

2　恢复海关统计工作初期，海关统计月度初步统计资料简称为“快报”，月度正式统计资料简称为“月报”，年度统计资料简称为“年报”。这些资料均为内部刊物，不对外公开。1991年起，年报停止编制，改版为对外公开的《中国海关统计年鉴》；1992年起，快报中的部分报表对社会公开，称为海关统计快讯；1993年起，月报改版为对外公开的《海关统计》月刊，同时《海关统计》季刊停刊。

《中国海关统计》在我国香港地区公开发行，对外经济贸易部及国家统计局分别发表了祝词。对外经济贸易部在祝词中指出，“海关统计是反映进出口状况的重要资料。通过这些资料，我们可以看到对外经济政策执行的情况和问题，也可以了解到与世界各国经济贸易的动向”。海关统计的作用和地位不断提升，在发展经济贸易方面发挥着越来越重要的作用。为便于国际交流，提高海关统计的透明度，服务于社会，海关总署陆续出版了各类统计刊物。

1986年，海关总署从年报中选取部分报表编制中英文对照的《中国海关统计摘要》（1985）公开发行，至1991年，《中国海关统计摘要》停刊，改为出版内容更为详细的《中国海关统计年鉴》中文版和英文版。

各地海关根据需要编制本地区统计报表，较好地发挥了海关统计的宏观监测作用。

五 开展海关统计国际合作与交流

恢复海关统计以来，中国海关采用联合国推荐的国际货物贸易统计标准，学习借鉴国外同行的先进方法和宝贵经验，不断完善海关统计制度方法，提高统计数据质量，保障了海关统计的全面性、可靠性和国际可比性，提升了海关统计作为中国对外货物贸易官方统计的国际声望，使海关统计成为中国海关重要的对外窗口。海关统计国际合作与交流的内容不断扩展，从学习考察、接受培训，发展到与贸易伙伴和国际组织合作开展专题分析和数据比对，深入解读中国外贸，剖析双边贸易统计差异，为辅助政府贸易谈判、提高海关执法效能、深化海关国际合作、促进对外贸易可持续健康发展等发挥了积极作用。

1979年6月，中国海关代表团访问欧共体（现欧盟，下同）统计局。自1980年开始，欧共体统计局多次为中国海关统计人员提供业务培训。1984年，海关总署派出统计小组赴联合国统计司考察。此后，海关总署相继与美国、日本、新加坡、德国、荷兰、英国、法国、丹麦等国家的货物贸易统计机构开展了统计技术交流；与俄罗斯、哈萨克斯坦、蒙古国、韩国等国家的货物贸易统计机构，以及中国香港、中国澳门地区的货物贸易统计主管部门签署了统计合作协议，定期开展双边贸易统计数据交换和对比分析；与联合国统计司、世界贸易组织、国际货币基金组织等多个国际组织建立了统计资料的交换联系。（见图2–8）

▲ 图2–8　2000年11月，中国海关统计考察组访问联合国统计司，交流国际货物贸易统计制度方法

六　从算盘拨珠到计算机应用

1981年，内地与香港的经贸往来快速发展，深圳文锦渡口岸公路进出境运输车辆激增，货运量零散、批次多，全国海关第一个统计科在文锦渡海关设立。一批大、中专生进入文锦渡海关统计科工作，人员编制扩大到20人左右。当时，南方各关特别是九龙海关[1]片区的惠阳、东莞、宝安及深圳本地的“三来一补”贸易兴起，每位海关统计人员的案头报关单堆积如山，审核任务越来越繁重，统计人员必须提高工作效率，否则很难完成

1　九龙海关于1997年6月29日更名为深圳海关。

工作任务（见图2-9）。许多年轻的统计人员开始使用计算器计算到（离）岸价格和进行外汇折算等，传统的算盘拨珠计算方式被替代。

▲ 图2-9　20世纪80年代初，海关统计人员的案头报关单堆积如山，审核任务越发繁重

海关总署于1980年11月订购了一批日本产F-2型、DR-1520型台式电子计算机，作为征收进口货物关税和开展海关统计工作的专用工具。1981年，九龙、拱北海关开始用电子计算机试编本口岸电报汇总数据；1982年，上海、广州海关先行应用计算机技术开发本关区贸易统计系统，就地将统计数据输入计算机。一些统计业务量较大的海关也配置了微型处理机，全国海关统计的电子计算机应用逐步推开。1983年8月，上海、广州、黄埔海关率先将统计数据转录成磁带后派员送往海关总署。此后，电子计算机在海关统计工作中的运用迅速发展起来。

第三章
计划经济向市场经济转变下的制度革新（1985—1994）

“六五”计划时期，国民经济逐步走上正轨，1985年国内生产总值（GDP）达到9098.9亿元。对外经济贸易打开新局面，1985年进出口货物贸易总值达696亿美元，较1981年增长58%，在世界的位次由1981年的第21位上升至第11位。1984年10月20日，中国共产党十二届三中全会通过了《中共中央关于经济体制改革的决定》，明确“今后必须继续放宽政策，按照既要调动各方面的积极性、又要实行统一对外的原则改革外贸体制，积极扩大对外经济技术交流和合作的规模，努力办好经济特区，进一步开放沿海港口城市”。“七五”计划时期，世界多极化趋势明显加强，出现美日欧三足鼎立的国际经济格局，以韩国、新加坡和中国台湾、中国香港地区为代表的亚洲新兴经济体迅速发展，中国对外贸易进入快速发展阶段。

这一时期，我国出台了多项对外贸易促进政策，鼓励和扶持出口型产业，鼓励吸收外国直接投资，促进对外贸易持续有序发展。中国海关根据不断扩大开放的新形势，确立了“促进为主”的工作方针，这是海关业务指导思想上的历史性转变。为了适应开放、促进开放、保障开放，为对外开放服务，海关对管理职能、法规体系、设关原则、监管体制、关税制度等进行了一系列调整和改革，逐步完善海关法律制度。1985年，海关总署开始实施报关单位注册登记制度，促进企业报关单证的规范化申报，提高统计原始资料的质量；积极开展以加工贸易为主体的保税监管业务，促进我国外向型经济发展。1985年3月7日，国务院发布《中华人民共和国进出口关税条例》；1987年7月1日，《中华人民共和国海关法》（以下简称《海关法》）正式实施，对海关全面履行职能，更好地服务我国改革开放和促进对外经济贸易发展提供了法律保障，具有重要而深远的意义。《海关法》将“编制海关统计”列为中国海关的4项基本职能[1]之一，确立了海关统计作为我国进出口货物贸易官方统计的法律地位。

为了适应形势的发展，海关总署在这一期间进一步完善海关统计制度，调整了统计工作的方针，统计项目的设置及分类与对外贸易发展和海关业务改革的要求更为匹配。同时，加快计算机在统计工作中的应用，全面推进计算机自动化检控和统计数据电子化传输，统计数据的准确性、及时性和完整性大大提升，为国家制定对外贸易政策，加强和改善宏观调控提供了重要依据。

一 海关统计制度的修订

恢复海关统计后，全国海关初步建立了统计制度方法，审核、批注统计原始资料的质量逐步提高，发挥了海关统计的服务与监督作用，并尝试使用电子计算机开展工作。但是，与社会主义现代化建设的要求相比，此时的海关统计工作还较为薄弱，不能充分满足经济建设和形势发展的需要。如统计制度和统计方法不够完善，统计数据时效性较差，部分统计资料不够准确，计算机技术应用水平相对落后，统计分析工作仍然薄弱，统计的服务与监督作用尚未充分发挥等，这些问题亟待解决。

1983年12月8日，第六届全国人民代表大会常务委员会第三次会议通过《中华人民共和国统计法》(以下简称《统计法》)。为了贯彻落实《统计法》，加快统计工作现代化步伐，开创统计工作新局面，国务院于1984年1月6日印发了《关于加强统计工作的决定》，明确指出：“统计是社会主义建设的一项重要基础工作。我国要实现工业、农业、科学技术和国防现代化，必须实现统计工作的现代化。”这一决定，把统计工作现代化作为四个现代化的必要条件，必须先行实现。

1　海关依照《海关法》和其他有关法律、行政法规，监管进出境的运输工具、货物、行李物品、邮递物品和其他物品，征收关税和其他税、费，查缉走私，并编制海关统计和办理其他海关业务。

1984年11月23日，海关总署在北京召开全国海关统计工作专业会议。会议指出，要改变过去狭窄的服务面，做好“四个服务”：为领导机关服务，为地方党政和基层服务，为海关业务服务，在保守国家机密的前提下，准确、及时地向各方面提供丰富的、多样的统计信息，为全社会服务。会议提出“完善制度，搞准数字，提高实效，做好服务、监督”的工作要求，指出为适应经济体制改革和进一步对外开放的需要，要抓好海关统计制度方法的改革，尽快实现统计指标体系完整化，满足各方面对海关统计数据的需求。会议强调修订海关统计制度的原则是“基本统计不乱不断，保持统计数字的统一性和连续性；根据新形势、新情况要增加必要的指标；原有指标已经过时的、繁琐的，要坚决精简；同当前政策要求不相适应的，要加以修改”。为了使中国海关统计制度方法与国际标准和惯例更有效地衔接，1984年起，海关总署加强了统计国际合作力度，多次派出统计小组访问联合国统计司等机构，学习交流国际贸易统计标准。

1984年年底，海关总署和国家统计局联合颁发了1985年版《海关统计制度》，于1985年1月1日实行，1979年12月13日印发的1980年版《海关统计制度》同时废止。

1985年版《海关统计制度》共10章38条。为了正确贯彻执行该制度，海关总署随后制定了1985年版《实施细则》。1985年版《实施细则》共27条，对统计范围、统计项目、统计资料管理等内容作出了具体规定。

增加《统计法》作为海关统计制度制定依据

为了保障《统计法》实施后，海关统计制度与国家统计法律的衔接，此次制度修订增加了《统计法》作为1985年版《海关统计制度》的制定依据。1985年版《海关统计制度》第一条规定：“为了有效地组织海关统计工作，保证海关统计资料的准确性、及时性和完整性，发挥海关统计的服务与监督作用，根据《中华人民共和国统计法》和国务院有关规定，特制定本制度。”1985年版《海关统计制度》的其他条款也体现了《统计法》的立法原意和立法精神。

明确海关统计为对外货物贸易统计

1981年，经国务院批准，中国对外公布的进出口贸易情况使用海关统计数据。海关统计数据发布制度逐步建立起来，海关统计的作用愈加重要，权威地位逐步确立。1985年版《海关统计制度》明确规定，“海关统计是对外经济贸易货物实际进出口统计”。

国际可比和服务监督的特点更加鲜明

1980年版《海关统计制度》中，确定海关统计的工作方针是实事求是、科学实用、准确及时、简明完整。海关统计数据开始对外公布，各部门、各行业和社会公众对统计服务的需求增大，海关对国家对外贸易实施监测、为进出口宏观调控提供决策参考的作用凸显，国际间经济贸易交流日益增多，这些都对海关统计资料的服务功能和国际可比性提出了更高要求。因此，1985年版《海关统计制度》适时将海关统计的工作方针调整为“准确及时、科学完整、国际可比、服务监督”。同时，海关统计的任务增加了“提供统计服务，实行统计监督，为社会主义现代化建设服务”的内容。

随外贸模式的变化，同步调整统计范围

改革开放以后，陆续出现了来料加工、进料加工、租赁等各种各样的对外贸易模式，以及中外合资、中外合作、外商独资企业等经营主体。1985年版《海关统计制度》根据进出口贸易交易主体、性质、方式、渠道等的发展变化，对海关统计范围作了调整补充。

对列入海关统计的货物类型细化或增加了“来料加工装配进出口货物”“进料加工进出口货物”“华侨、港澳同胞和外籍华人捐赠品”“租赁期满归承租人所有的租赁货物”“中外合资经营企业、合作经营企业、外商独资企业进出口货物和公用物品”“到、离岸价格在规定限额以上的进出口货样和广告品”“从保税仓库提取在中国境内销售的进口货物”等；

取消了“通过我国关境的转口贸易货物”。对不列入海关统计的货物类型细化或增加了“赔偿的进出口货物”“到、离岸价格在规定限额以下的进出口货样、广告品，无商业价值或使用价值以及出口免费提供的货样、广告品”“个人邮递进出口的自用物品，进出境人员携带的自用物品”“进出境运输工具在境外添装的燃料、物料、垫仓物品、饮食用品和设备以及放弃的废旧物料等”“中国驻外国和外国驻中国使领馆进出口的公用物品”“没收的走私物品，充公变卖物品”“非商业性印刷品”“其他”等；取消了“非贸易性进出口物品”。

统计项目增设收、发货单位所在地

改革开放初期，国家对外贸进出口经营权实行较为严格的审批与管理制度，全国的进出口货物经营单位数量有限，代码设置的地区分布不平衡，仅靠按照经营单位所在地分组统计的数据不能完全反映进出口货物的实际使用地或来源地。因此，1985年版《海关统计制度》增加了“收、发货单位所在地”统计项目，作为按照经营单位所在地编制统计数据的补充。其中，收货单位所在地是指货物进口后直接接受外贸公司（包括工贸公司）调拨，或是委托外贸公司代理进口，或是直接进口的机关、团体、企业、事业等单位所在地，反映进口货物在境内进一步去往使用的地区；发货单位所在地是指货物出口前，实际发货单位的所在地，反映出口货物的境内货源地、生产制造地等。

对经营单位、贸易方式、外汇来源、统计价格进行调整

随着国家经济体制改革稳步推进，对外贸易逐步走向开放经营，逐渐形成了国有、私营、外资等多种所有制形式的经营主体，对外贸易的形式日益增多。为了更好地反映国家外贸经营体制以及各种不同贸易方式进出口货物的发展变化情况，1985年版《海关统计制度》将原来经营单位分组中的“对外贸易部所属的单位”“国务院各部、委经营外贸的单位”简化整合为“全国性经营外贸的总公司”，将“中外合营企业”调整为“中外

合资、合作企业"，将"外资企业"调整为"外商独资企业"。

1985年版《海关统计制度》对贸易方式的分组进行了相应的调整。如取消了"转口贸易""特区贸易"等；将"加工装配"细化为"来料加工装配贸易""对口合同的来料加工装配贸易"。对个别贸易方式名称和定义作了调整。如将"国家间援助物资和大宗捐赠品"调整为"国家间、联合国及国际组织无偿援助物资和赠送品"，将"寄售贸易"调整为"寄售、代销贸易"，将"边境地区小额贸易"调整为"边境地方贸易"等。

为了更好地配合国家外汇管理，将外汇来源的分组由原来的6种改为4种，取消了"贷款外汇""分成外汇""国外投资"3种外汇来源，调整为"中央外汇""地方外汇和地方留成外汇""中央各部留成外汇""其他"。[1]

此外，海关统计价格由原来的以人民币和美元双币计价，调整为以人民币计价，并补充规定"如果成交价格为外国货币，按照国家外汇管理部门公布的各种货币对人民币的买卖中间价折算人民币"。

统计资料管理更加科学、规范

进出口货物报关单是海关统计的原始资料，正确填报进出口货物报关单是申报单位依法应当履行的义务。1985年版《海关统计制度》规定，"对于申报不符合海关规定的报关单，海关有权不予接受"，为海关统计工作顺利开展提供了法律保障。

恢复海关统计之初，海关统计项目由统计人员根据报关单申报内容逐一批注统计代号。随着进出口业务量的增加，报关单海量增长，计算机应用逐步推广，报关人员在报关时需要自行填报统计项目的代号，海关统计原始资料逐渐走向数字化、代码化，更有利于统计部门对其进行归类整理和分析。为此，1985年版《海关统计制度》强调了收、发货人或其代理人

1　参见第二章"海关统计的经营单位、贸易方式、外汇来源、运输方式"。

在进出口货物报关单上应如实填报海关统计商品编号、经营单位及海关规定的统计代号。

1985年版《海关统计制度》将“海关统计由国家统计局批准对外公布”的规定调整为“海关统计资料的管理公布办法，由海关总署商经贸部、国家统计局另行制定”。1985年版《海关统计制度》明确了全国、地方进出口货物贸易统计的报表和刊物，分别由海关总署和各地海关编制，并对其正确性负责。1985年版《海关统计制度》还对海关统计报表的种类和报送日期等作了原则性规定，明确“在保守国家机密的前提下，要准确及时地向各方面提供海关统计信息。海关总署根据需要可定期公开出版海关统计的月刊、季刊或年刊，为全社会服务”。

明确海关统计的组织领导和统计人员享有的权力

1985年版《海关统计制度》明确“海关统计工作由海关总署领导。海关总署设立统计机构，具体负责海关统计的编制和分析研究工作，在统计业务上受国家统计局指导。各地海关（分关）应根据统计任务的需要，设立统计机构或专职统计人员，并指定统计负责人”。

此外，1985年版《海关统计制度》增加了海关统计人员享有的权力“要求进出口货物的收、发货人或其代理人按照海关的规定如实填报进出口货物报关单；检查统计资料的准确性，要求改正不确实的统计资料；揭发违反国家政策、法令的行为”。同时，为激发海关统计人员的工作热情，确保统计准确性，还增加了关于开展统计工作的奖惩规定。

二 探索数据审核新模式

1985年至1994年间，海关总署先后制定海关统计作业流程规范、统计人员岗位责任制度、单证流转交接制度、审核和计算机交叉录入制度、报关单核销和催办制度、差错反馈制度等一系列规章制度，对统计数据质量保障工作进行科学化、规范化、制度化的管理。如1991年首次制定海关统

计作业流程规范，将统计作业划分为预审、接单、初审、复审、计算机录入、审核过录表、综合检控、快报编制、数据磁带制作、统计资料报送、数据更正及查询、报关单核查、单证管理13个环节，并规定了各个环节的具体作业要求。

开展关区间海关统计数据质量互查

为了加强统计基础工作，海关总署确定1988年为“提高统计质量年”，其措施之一就是尝试开展关区间统计数据质量互查，以提升各级领导、各部门对统计工作的重视，促进各直属海关进一步提高统计数据质量。1988年5月，海关总署组织北京、天津、青岛、大连海关成立互查组，开展了为期23天的统计数据质量互查，1990年再次组织汕头海关、湛江海关开展了为期18天的统计数据质量互查。这两次互查为后来互查制度的推出积累了宝贵经验。1994年，海关总署在前两次互查的基础上，建立了全国海关统计数据质量分片区互查制度，围绕作业流程规范执行、规章制度制定、统计项目审核、计算机检控程序及H883统计子系统的应用、统计部门与监管及技术部门的协作配合、反馈数据[1]提取及利用情况等内容开展统计数据质量检查，并向接受检查的海关关长通报检查结果。互查片区分为北方片区、华东片区、华南片区，互查工作每年开展一次。部分直属海关也据此建立了本关区内的统计数据质量互查制度。以当时华南片区为例，1994年11月，广州、九龙、拱北、海口、湛江、南宁海关组成检查小组，先后对广州、黄埔、江门、长沙、汕头海关进行了检查。除查找问题外，本次检查还积累了大量宝贵的经验。如汕头海关在货管审单前由统计部门利用计算机对有关的统计项目进行预审，其中对出口申报价格的审核非常严格，为防止出口骗取退税作出了贡献。

1 自1987年起，海关总署每月将各省、自治区、直辖市的海关统计资料反馈给相应海关。

统计数据质量控制前置至报关单申报和预审环节

报关单是海关统计的原始资料，报关单填报的准确性直接影响统计数据质量。20世纪90年代，珠三角等地的加工贸易发展迅速，进出口企业数量快速增加，有的企业对海关商品归类等技术缺乏了解，报关单申报质量较差，数据差错较多。为了帮助报关单位正确填报报关单统计项目，提高海关统计质量，1990年，海关总署编印了《中国海关报关单位填报进出口货物海关统计项目须知》，各直属海关加强了对报关员的培训和考核工作，报关员的业务素质明显提高。部分海关的统计部门派员到接受申报的海关业务现场参与报关单审核工作，及时发现并纠正申报差错，为开展报关单的统计预审奠定了基础。

1991年，部分海关尝试在现场报关台设立“统计预审”窗口。如黄埔海关实行统计预归类凭证制度，即在申报之前，统计部门对企业进出口商品等内容进行预审核，企业在报关时按照统计部门审核过的内容填报，形成统计人员预先审核、现场接单审核和货物放行后审核的“三结合”统计审核制度。这一制度尤其适用于从事加工贸易的企业，进口料件和出口成品变化不大，结构较为稳定，经统计审核过的商品归类可供一段时间内报关时使用。

1991年7月，海关总署制定海关统计作业流程规范，明确将统计预审列入统计作业环节。1991年11月，海关总署发布公告，决定在全国海关范围内对来料加工、进料加工、补偿贸易和外商投资企业进口的料件、设备及出口的成品实行预归类制度，即经营单位在向海关办理合同登记备案、申领“登记手册”时，必须按照《海关统计商品目录》对料件、设备和成品逐一进行归类，并填写海关统计商品编号。这项预归类制度极大地便利了海关备案、审单、查验、征税、放行和统计等作业，有效地提高了报关单申报质量，保障了进出口货物顺利通关和准确统计，促进了加工贸易的快速发展。广州海关在实行预归类制度时，进一步明确要求加工贸易企业必须先到统计部门申领进出口商品预审核凭证（见图3-1），按要求填写统计项目，由统

计部门审核通过后，才能申请合同登记备案。1995年1月，海关总署在全国海关推广广州海关进出口商品预审核制度，充分肯定了其规范企业报关单统计项目申报、从源头控制数据质量、提高原始资料质量的经验做法。

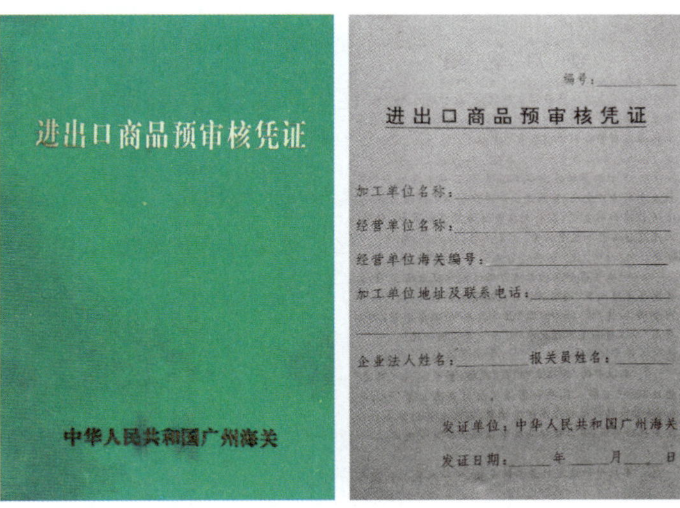

进出口商品预审核凭证

中华人民共和国广州海关

编号：

进出口商品预审核凭证

加工单位名称：

经营单位名称：

经营单位海关编号：

加工单位地址及联系电话：

企业法人姓名：　　报关员姓名：

发证单位：中华人民共和国广州海关

发证日期：　　年　　月　　日

▲ 图3-1　进出口商品预审核凭证

三　应用计算机技术，推动统计作业模式变革

1985年至1994年，我国对外贸易迅速发展，报关单数量急剧增加，海关统计的手工作业模式已不能适应形势发展的要求，迫切需要通过改革缓解日益增加的工作量与统计人员相对不足的矛盾。海关统计部门重视以科技应用促进统计发展，积极研究应用计算机技术和网络技术，推动统计作业模式发生重大变革，成为海关业务科技一体化发展的先行者和推动者。

数据采集自动化

1980年恢复海关统计时，海关统计人员使用算盘和计算器汇总报关单货物总值。1981起，海关总署逐步加强了技术设备的配置，先后为各海关配备计算机，部分海关统计部门在接收到本关区的进出口货物报关单统计联后，由统计人员手工批注各项统计指标及其代码，并逐项复核，采用双人二次录入校对的方式，将报关单统计项目逐票逐项输入计算机，实现了使用计算机输入统计数据和分类汇总，代替了报关单指标人工分类和手工计算汇总。

1988年3月起，海关总署开始构建H883报关自动化系统。H883系统是海关计算机应用的综合性项目，将海关货管、征税、统计等各业务流程融为一体，是运用科技手段进行业务改革的大胆尝试和系统工程。1992年9月，在哈尔滨召开的全国海关统计工作会议提出，凡是推广H883报关自动化系统的海关，统计要跟上，要从报关系统中自动采集统计数据，把统计人员从二次录入中解放出来，由此节省下来的人力可以转移到数据审核上来，提高统计数据的准确性。海关统计部门积极行动，着手研发统计子系统。北京、天津、拱北、广州等海关紧跟系统建设进程，率先结合实际研制开发了适合本关的H883统计子系统。如广州海关大力推动统计部门应用H883系统，1993年已有85%以上的报关单纳入H883统计子系统处理，有效提高了关区的统计工作效率和统计数据的准确性。截至1993年年底，已有22个直属海关不同程度地上线了H883统计子系统。

为加速海关统计科技一体化进程，适应业务量不断增加的形势要求，1994年5月，全国海关H883统计子系统推广、应用座谈会分南、北片区分别在广东顺德和天津召开，会议提出要努力推进H883统计子系统的应用，进一步提高统计工作水平。会议决定组织开发H883统计子系统全国海关统一版本。全国海关统一版H883统计子系统以天津海关（小型计算机）和青岛海关（微型计算机）H883统计子系统为基础，结合其他海关的设计内容进行修改完善。随着海关各项业务制度改革的逐步推进，企业端向海关传输报关数据的海关H883/EDI[1]总系统上线，海关总署集中开发了

1 EDI是Electronic Data Interchange的缩写，指电子数据交换。

H883/EDI统计子系统，并先后在7个海关成功进行了试运行。1996年4月，海关总署分别在杭州和青岛举办了两期统计、技术人员共同参加的H883/EDI统计子系统推广应用培训班。1996年5月，H883/EDI统计子系统正式推广应用，海关统计数据的收集模式发生重大变革，实现了H883报关单数据向统计数据的自动转换，解决了海关统计数据采集效率低下的问题，彻底摆脱了统计数据二次录入的繁重手工劳动，并为提高海关统计的及时性提供了保障。H883/EDI统计子系统的应用使海关统计工作向现代化、科学化、规范化目标迈出了关键一步。

数据审核程序化

海关统计恢复初期，完全由人工审核查控统计数据差错，效率不高，飞速发展的计算机技术为数据自动化审核提供了有利条件。在技术部门的鼎力支持下，海关统计部门将长期以来审核数据积累的经验转化为计算机检控参数，先后编制了错误信息检控、价格检控、指标逻辑检控程序和各种检查报表，充分利用信息化技术提示数据差错风险。

商品价格比对是检查商品金额、数量和商品归类准确性的常用方法。1987年12月，海关总署利用新编制的价格检查控制程序尝试对全国海关统计数据进行检控。该程序按照贸易方式分组，检查每一条数据记录的商品价格，对超过商品合理价格区间的打印过录表，以便人工复查（见图3-2）。1991年，全国进出口货物报关单合计468万张，较1980年增长了3.3倍，由于使用了价格检控程序，及时发现并纠正了许多大差错，有效减轻了统计人员的数据审核压力。1992年，海关总署着手编制统计指

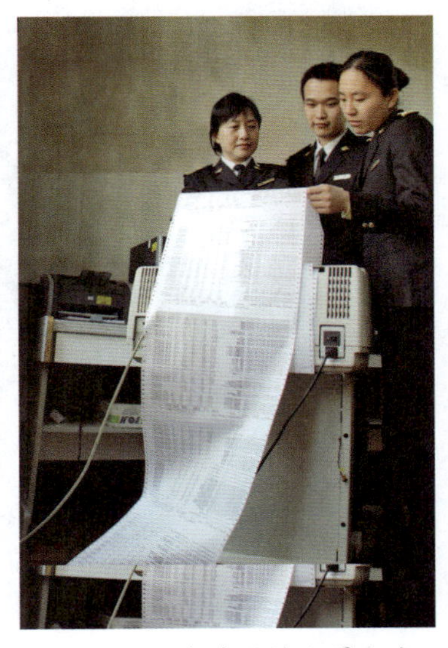

▲ 图3-2　海关统计人员打印、审核统计过录表

标综合逻辑检控程序，更新价控程序。在一系列计算机查控差错程序应用后，统计差错率明显降低，由恢复海关统计之初的千分之五下降到了1994年的万分之一以下。

随着H883/EDI统计子系统在全国有序推广使用，错误信息检控、逻辑检控、价格检控等统计检控参数同步加载于H883系统企业预录入环节和海关审单环节，各直属海关还可以根据实际情况，增设本关区的价格检控、逻辑检控参数，践行了统计数据质量从源头抓起的理念。同时，统计部门加强对重点、敏感商品的审核，做到突出重点、有的放矢，进一步提高了统计审核效能。2000年以后，海关总署全面启用全新技术架构的H2000通关作业系统。2006年1月，H2000通关作业系统贸易统计子系统（Trade Statistics Data，以下简称TSD系统）完成开发试运行（见图3-3）。TSD系统对数据完整性检查、数据质量检控、数据差错核查三大管理功能进行了突破性设计，次年在全国海关正式运行。2019年7月，TSD系统升级为H2018海关贸易统计子系统。

▲ 图3-3　海关统计人员对TSD系统一期进行测试

数据报送网络化

1980年恢复海关统计后，海关统计数据报送方式经历了报关单原始资料邮寄、磁带报送、计算机网络传输3个发展阶段。

1983年8月以前，各直属海关将审核后的进出口货物报关单统计联邮寄至海关总署，经海关总署复核后，再录入、汇总、出表。由于邮寄时间较长，次月下旬才能收齐上月资料，而且容易遗失、延误，影响统计数据质量。

随着计算机在海关统计工作中的应用，1983年8月起，上海、广州、黄埔3个直属海关开始尝试在本地将统计数据输入计算机，转录磁带后派人送至海关总署，再由海关总署汇总统计，改变了一直以来邮寄统计原始资料的做法。1984年，全国海关中利用磁带传递数据的海关有6个，到1986年增加到24个，磁带传递资料量占全国海关资料量的94%，有19个海关配备了小型或微型计算机。1989年，全国海关全部实现了用磁带或软盘报送统计数据，每月的57盘磁带代替了邮寄的报关单，上月数据[1]在次月5日便可收齐，由此，报表的编制时间及海关总署向各海关反馈数据的时间提前近1个月，海关统计的时效性大大提高。（见图3–4）

▲ 图3–4　1983年8月至1989年，各海关陆续通过磁介质存储设备报送统计数据

1990年上半年，海关总署开始试验由网络传输代替传真电报报送海关统计快报数据，这是为了提高快报数据准确性和时效性而采取的

1　当时月度统计周期为上月26日至本月25日。

重要技术措施，是全国海关计算机网络工程的第一个试点应用项目。试点期间，各直属海关每月以传真电报方式向海关总署报送快报的同时，也使用网络系统向海关总署计算中心传输快报数据。截至1991年7月，通过网络传输快报数据的直属海关已达到29个。

1992年，全国海关计算机网络逐步建立，各直属海关与海关总署的网络建设及数据传输技术有了新的进展。北京、九龙、大连、南京、南宁、天津、合肥、成都8个海关和海关总署之间传输试验结果显示，利用网络进行数据传输的条件已经成熟。1993年1月，各直属海关全部实现了向海关总署网络传输统计数据，各关区内部的联网也初具规模，统计数据收集和报送的及时性得到充分保障。此外，为保证海关统计差错数据及时得到更正，海关总署于1993年10月开始实行用网络传递海关统计更正数据[1]，结束了各关向海关总署寄送海关统计数据更正单的历史。

统计数据网络传输的实现，使每月数据的集齐时间比磁带报送时期提前了2天，数据反馈工作提前了10天，各关每月的数据更正也不再需要手工填写更正单。至此，海关统计部门提取、转换、上报统计数据已基本实现计算机的网络化运作。这不仅大大提高了工作效率、降低了统计人员的劳动强度，而且从根本上保证了统计数据的准确性与及时性，海关统计工作跃上了一个新台阶。

四 采用《商品名称及编码协调制度》编制《海关统计商品目录》

1980年至1991年，我国以SITC为基础制定《海关统计商品目录》。随着改革开放逐步深化，对外贸易规模进一步扩大，进出口商品结构有较大变化，以SITC为基础编制的《海关统计商品目录》已不能适应形势发展对

1 1985年版《海关统计制度》规定，海关统计原始资料或数据磁带寄送海关总署以后，如果发现原来填报错误或变更统计内容，有关海关统计部门应向海关总署办理更正手续。核查及反馈的文书以邮寄方式传递，更正过程通常耗时一个月左右。

海关统计工作的要求。

1988年，海关合作理事会主持编制的《商品名称及编码协调制度》（*The Harmonized Commodity Description and Coding System*，以下简称《协调制度》）正式实施。《协调制度》采用《海关合作理事会商品分类目录》（*Customs Co-operation Council Nomenclature*，CCCN）的基本框架结构，广泛参酌SITC等国际上重要的商品分类目录[1]编制而成，满足海关、统计、运输、贸易等多方面需求。《协调制度》是一部结构化目录，采用6位数编码结构，将全部商品分为21类97章，具有严密的逻辑性和科学性，一经问世便为各国广泛采用，成为国际贸易商品分类的一种“标准语言”。截至1991年，已有80多个国家和地区以《协调制度》为基础编制本国（地区）的税则及统计目录。

为了进一步与国际接轨，海关总署自1983年开始研究《协调制度》，并参与了《协调制度》的制定工作；1987年起将《协调制度》译成中文，着手开展我国海关税则和海关统计商品目录向《协调制度》的转换工作，转换过程中广泛征求了贸易管理部门和产业部门的意见。1989年2月，海关总署决定采用《协调制度》编制我国海关税则和海关统计商品目录。1991年6月，国务院关税税则委员会审议通过了以1992年版《协调制度》为基础编制的《海关进出口税则》，海关总署同步编制了《海关统计商品目录》，实现了税则和统计商品分类的统一（见图3-5）。自1992年起，我国按照以《协调制度》为基础制定

▲ 图3-5 首次以《协调制度》为基础编制的1992年版《海关统计商品目录》

---

1 如美国海关税则目录、加拿大进出口商品分类、标准运输商品分类、世界空运商品分类、国际铁路同盟标准商品分类等。

的《海关统计商品目录》采集、编制、公布海关统计；同时采用《协调制度》与SITC的对照表继续编制、公布我国进出口商品构成统计，满足各界对海关统计数据研究分析的使用需求。

以SITC为基础编制的1991年版《海关统计商品目录》共有3041个商品编码，以《协调制度》为基础编制的1992年版《海关统计商品目录》分为21类97章，共有6254个8位数商品编码，较之前商品编码数量增加了1倍多。8位数商品编码的前6位数与《协调制度》完全一致，第7、8位商品编码是根据我国征税、统计和贸易管理的需要而设置的。自1993年起，《海关统计商品目录》专为统计需要而先后增列第98章和第99章。根据《商品名称及编码协调制度公约》的规定，《协调制度》每4—6年进行一次修订审议循环，《海关统计商品目录》以最新的《协调制度》和我国关税实施方案为基础逐年进行修订。

在世界主要国家和地区外贸统计目录计量单位应用经验的基础上，《协调制度》为每个6位数商品编码设置了标准计量单位，具有一定的科学性和普遍适用性。联合国统计委员会建议各国进出口商品目录使用该标准计量单位，便于统计数据的收集、对比及分析。自1992年1月1日起，我国《海关统计商品目录》全面采用《协调制度》标准计量单位。

实施新目录对统计部门来说是一项很大的挑战。一方面，商品编码数量倍增，商品分类细化，报关单商品记录大幅增长，如九龙海关1992年1—3月报关单商品记录条数较上年同期增长62%，广州海关1992年1月记录条数达到5万多条，同比增长40%。另一方面，进出口企业、报关员等对1992年版《海关统计商品目录》还不熟悉，对商品归类要从头学起，且归类较以往更为复杂，申报环节商品编码的差错明显增多，统计数据审核、修改工作量大大增加。

为使统计人员尽快全面掌握1992年版《海关统计商品目录》的商品编码与归类原则，做好统计数据审核工作，从源头控制数据质量，1991年12月，海关总署收集常见进出口商品情况，依据1992年版《海关统计商品目录》汇编成海关统计商品归类表，印发给各关，供参考使用。部分海关在报关大厅设置统计审核台，要求报关员须先将报关单证交到统计台“过关”，经统计人员审核后才可正式报关。同时，各关积极开展学习培训，

如上海海关自1991年9月开始组织内部商品归类培训，取得了较好效果，随后海关总署向各关转发了上海海关的培训经验。很多海关除组织内部统计人员的培训外，还积极举办报关员培训，提高商品归类的准确性。

目前，已有200多个国家和地区使用《协调制度》，我国2021年版《海关统计商品目录》所列商品分为22类99章，共计8589个8位数商品编码，较1992年版增加了2335个，侧面反映出我国进出口商品结构日益复杂多元。采用《协调制度》编制《海关统计商品目录》，标志着我国海关统计商品分类水平迈上了新台阶，而且实现了海关征税和统计商品目录的统一，是海关业务制度的一项重大改革，极大地促进了海关管理现代化，有利于进一步发挥海关统计的信息、咨询和监督作用。

五 经营单位实现一企一码，经济区划和企业类型统计更加完善

进出口经营单位是统计项目，设置于1980年海关统计恢复之初，旨在反映我国对外贸易经营主体和各类经营单位进出口情况，也是编制经济区划和企业性质统计的重要资料来源（见图3-6）。随着外贸体制改革的推进，海关对经营单位项目的分类方法进行了多次调整。

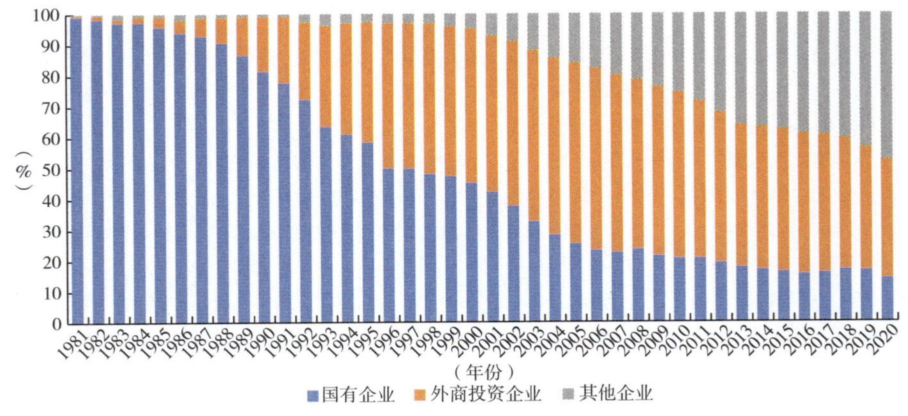

▲ 图3-6　1981年至2020年我国进出口企业性质构成趋势图

1985年版《海关统计制度》将经营单位分为5大类，在1980年版《海关统计制度》的分类方式基础上进行整合，编码位数仍为3位数，共设有39个统计代号[1]。1986年，经营单位编码从3位数调整为5位数，首次采用结构化编码方式，便于利用电子计算机进行分层汇总，实现按行政区划分组统计[2]。1987年，经营单位编码规则进一步调整，由5位数改为4位数，仍采用地区和企业所有权属性（即企业性质）两层结构化编码方式[3]，并进行整合和细化扩充，编码构成更加简单明了。1985年，海关统计项目新增“收、发货单位所在地”，统计代号为两位数，按行政区划顺序排列，与经营单位编码规则不同。自1987年起，经营单位代号前两位数字改为与收、发货单位所在地统计代号一致。

为了更好地适应国家全方位开放格局的需要，深入反映外贸体制改革和进出口经营权下放后各地区和各企业经营进出口贸易的实际情况，海关总署于1993年1月1日起，对经营单位编码规则进行重大改革，对每一个在海关注册、有权经营进出口业务的企业，赋予全国唯一的10位数代码，作为身份识别标志，实现一企一码。其中，第1～4位代码表示行政区划，以1992年版本的国家行政区划分类为基础，结合海关统计需要而设立；第5位代码表示经济区划[4]；第6位代码为企业性质[5]；第7～10位代码为顺序号。与此同时，收、发货单位所在地的统计编码规则也同步调整为与经营单位

---

1 各省、自治区、直辖市以及深圳、珠海、汕头和厦门特区、海南行政区经营外贸的单位各设有一个专用代号；全国性外贸专业公司，中外合资、合作企业，外商独资企业，外国驻华领事馆和其他类型单位各设置一个代号。

2 经营单位代号第1、2位代表省、区、市；第3、4位代表计划单列城市、沿海开放城市、经济特区、海南行政区；第5位代表企业属性，全国性经营外贸专业总公司固定统一代号为“00100”，各地区则按“地区＋企业属性”模式形成代号。1986年，固定设置的5位数经营单位代号共156个。

3 前两位“00”代表全国性外贸及工贸总公司，“01”～“91”表示行政区划，后两位表示企业属性。1987年，经营单位前两位设有56个代号、后两位设有70个代号，最多可使用的经营单位代号共3920个。

4 例如，代码“2”代表经济开发区，“3”代表高新技术产业开发区，“4”代表保税区。

5 2012年，该名称调整为“企业经济类型”。

前5位数代码一致。

为了做好经营单位新编码的实施工作，保证进出口企业自1993年1月1日起能够正常、准确报关，各直属海关统计部门主动与企业管理部门沟通联系，获取进出口企业名单，核对企业注册的有关资料，按照编码规则对存量企业逐一编定经营单位编码。同时，通过在报关大厅张贴公告、电话联系企业等方式，通知和引导企业来海关及时办理新经营单位编码的申领手续。为了防止手工填写经营单位编码出错，部分海关统一刻制编码章发放给企业，要求企业在报关时加盖在报关单的指定位置上。

1993年，全国约有11万家在海关注册的进出口企业获得新编码。改革后的经营单位编码规则大大提高了经营单位识别的精准度和统计的灵活性，更加适应外贸体制改革时期进出口企业数量大幅增长的需要，准确反映各企业的实际进出口情况；新编码支持编制按地区、经济区划、企业性质等分组的进出口统计资料，能更好地反映国家全方位、多层次开放情况，为提高海关统计数据分析应用和宏观决策辅助能力奠定了基础。

1993年的"一企一码"经营单位编码规则改革具有里程碑式的意义。能够识别特定经营单位的进出口货物报关单不仅成为海关监管、征税、统计、稽查等部门对企业进出口活动进行管理、分析的重要基础资料，而且广泛应用于外贸管理部门实施配额管理、税务部门核查企业出口退税、外汇管理部门开展收付汇管理和行业协会组织反倾销应诉等领域。

经营单位编码规则改革后，在编码结构保持稳定的前提下，每层结构的内容不断丰富，属性分类更加清晰，提高了统计数据分析应用的关联度和针对性。为进一步扩大对外开放，加强国际经济合作，最大限度地利用国外资金和技术发展外向型经济并带动区域经济的发展，20世纪90年代以来，我国参照国际经验，先后设立了保税区、出口加工区、保税物流园区、保税港区、综合保税区等海关特殊监管区域，经营单位编码的第5位经济区划代码也相应增加，以及时反映各类海关特殊监管区域进出口情况。2004年，随着对外贸易经营权的进一步放开，经营单位第6位编码增加"个体工商户"类型。

2012年7月1日起，为解决海关经营单位编码资源枯竭问题，在保持10位数编码结构不变的情况下，编码引入英文字母，由原来的纯数字组合扩展至由数字和24个英文大写字母（I与O除外）组成，大大扩充了经营单位编码容量。

六 丰富贸易方式分类，体现改革开放进程

自1980年恢复海关统计以来，海关的贸易方式统计项目始终聚焦我国改革开放进程和对外贸易发展轨迹，不断调整和完善。1985年至1994年是其变动较为频繁的时期，主要包括新增贸易方式，调整贸易方式的定义，整合或取消贸易方式等。

增列华侨、港澳同胞和外籍华人捐赠品

改革开放后，港澳台同胞和海外侨胞满怀爱国爱乡的热情，捐资捐物，为建设祖国、家乡贡献力量。国家陆续出台捐赠政策予以鼓励和支持，捐赠的进口货物量大幅增加。1985年版《海关统计制度》增列了“华侨、港澳同胞和外籍华人捐赠品”贸易方式。1992年，该贸易方式名称进一步修改为“华侨、港澳台同胞、外籍华人捐赠物资”。

增列租赁贸易

改革开放后，我国企业急需引进技术设备提高生产能力，同时，为了合理安排有限资金，提高资金利用效率，我国租赁贸易逐步兴起。1985年版《海关统计制度》规定，“租赁期满归承租人所有的租赁货物”按“一般贸易”统计。1987年，租赁贸易从一般贸易中单列出来，增列“租赁贸易”贸易方式。

增列对外承包工程货物

改革开放后，我国除实施“引进来”的方针外，也同时尝试探索“走出去”的发展道路，允许出国办企业，为中国企业参与国际工程承包市场

的竞争开启大门，中国对外承包工程事业从无到有、从小到大逐渐发展起来。1987年，海关总署将对外承包工程货物出口从一般贸易中分离出来，增设“对外承包工程货物”贸易方式。1994年，进一步规范“对外承包工程货物”的定义，明确为开展劳务合作等对外合作项目而出口的设备、物资列入对外承包工程出口货物统计。

免税外汇商品列入货物贸易统计

改革开放之初，国内的家用电器、烟酒和奶粉食品等“高档”消费品较为短缺，国家针对特定群体实行免税进口部分消费品的政策，出国人员回国时，可以使用免税指标购买进口消费品。为减少商品托运和携带不便，解决在口岸办理海关手续停留时间过长的问题，一些主要城市设立了出国人员服务公司或服务部、外汇商品供应站、免税商场等，以“在外售券、境内取货”的方式，供享受免税待遇的特定人员选购进口免税外汇商品。1985年10月12日，海关总署发布了《中华人民共和国海关对经营免税外汇商品业务的管理规定》，次年制定了免税外汇商品统计办法，增列“免税外汇商品”贸易方式，实施海关单项统计。自1993年起，“免税外汇商品”从实施单项统计调整为列入货物贸易统计。

按贸易方式分组的海关统计资料，为有关部门研究和分析对外贸易发展变化，制定外贸政策及检查执行情况等提供了参考依据。经过多次调整，列入海关统计的贸易方式从最初的11种发展到目前的20种，单项统计贸易方式从最初的1种发展到目前的14种。2019年，海关总署发布行业标准《海关统计贸易方式代码》（HS/T 60—2019），海关贸易方式制定工作更加科学规范。

七 开展双边贸易统计差异对比分析

国别统计数据可以反映各国间的经济贸易关系，是监测有关贸易管制措施执行情况和进行政府间贸易谈判的重要依据。改革开放后，中美、中欧贸易快速发展，中国同美国、欧共体等主要贸易伙伴的双边贸易统计数据差异急剧扩大。如1991年，中国对美国出口统计与美国自中国进口统计差异额逾120亿美元，1992年，这一差异扩大到170亿美元，约为当年中国对美国出口总值的3倍。巨大的统计数据差异无法客观反映双边贸易的实际规模，成为当时贸易谈判的争论焦点之一。

1991年，海关总署对中美贸易不平衡问题进行专题研究，分析了中美双方统计方法、商品结构、中国境内出口货物经中国香港转口美国市场，以及来料加工贸易所占比重等方面的问题，全面阐明了双方统计数据差异的原因[1]，并提出了谈判的对策和建议，得到国务院领导的肯定，在争取最惠国待遇方面，发挥了海关统计应有的作用。

与此同时，为防止因申报错误造成双边贸易统计数据差异，1992年6月，海关总署专门要求各级海关在接受申报、查验和统计各环节加强对进出口货物产消国别的审核，并通过定期检查和通报各关执行情况等一系列措施，使产消国别申报和统计的准确性取得实质性改进。

此后，海关总署与欧共体统计局、韩国海关、日本海关、俄罗斯海关，以及中国香港特别行政区政府统计处、中国澳门特别行政区统计暨普查局等外贸统计机构开展了双边贸易统计的对比和差异分析工作，在提高海关统计数据质量、提升海关执法效能、深化国际及区域合作、促进对外贸易可持续健康发展等方面发挥了重要作用。

八 推进统计服务工作

随着改革开放的深入和我国对外经贸往来的发展，国内外各界对海关统计信息的需求迅猛增加。1984年11月23日，全国海关统计工作专业会

1 双边贸易统计差异的原因包括制度性原因和非制度性原因。前者包括贸易制差异（总贸易制和专门贸易制统计范围不同）、转口贸易对贸易伙伴国判定的影响、列入海关统计的商品范围不一致、统计起统点、统计时间以及运保费因素等；后者包括国别申报不准确、商品归类不准确、伪瞒报价格等。

议提出，要改变过去狭窄的服务面，做好“四个服务”。1985年版《海关统计制度》增加了“提供统计服务，实行统计监督，为社会主义现代化建设服务”的内容，对海关统计服务提出新的要求。

为了适应改革开放的新形势，满足各层次、多方面对海关统计信息的需求，充分发挥海关统计的服务监督作用，1985年1月，海关总署制定海关统计资料管理办法，对各类统计资料是否公开发布和对外提供以及公布范围、审批制度等作了具体规定。同年3月，海关总署设立海关统计咨询室，对外开展统计咨询服务。（见图3–7）

▲ 图3–7　用户在海关统计咨询室查询统计数据

自1987年起，海关总署将省级行政区划统计数据资料每月反馈各直属海关，用于各海关编制本关区（本地区）统计资料，开展统计分析，提供统计服务。经海关总署同意，各海关每月向所在地统计局提供本地区按贸易方式和产消国别分组的进出口数据。同年年底，海关总署制定海关统计咨询服务管理办法，为向政府部门及社会公众提供统计服务奠定了制度基础。1988年10月，海关贸易统计软件包系统在全国海关推广使用，支持统计制表、查询原始数据、提交制表查询批作业、数据压缩、数据库维护等功能，成为海关编制统计资料、开展统计咨询和分析的重要工具。1990年，海关总署对外发布按《海关统计商品目录》6位数商品编码详细分类的进出口统计数据。

这一时期，海关总署和各直属海关统计部门不断扩展对外咨询服务工作，不仅为研究双边及多边经贸关系、开展贸易谈判提供重要的数据资料，为进出口计划管理部门提供决策和管理的信息依据，也为企业市场调研、科研单位的经济分析等提供了宝贵资料。海关统计咨询用户的范围，

从国务院各部委和少数企事业单位扩大到新闻界、工矿企业及三资企业等各类企业、科研单位、大专院校、我国驻外使领馆、外国驻华使领馆及驻华常驻机构等。咨询服务的内容更为广泛，从仅提供进出口总值拓展到根据用户需要，提供按照商品、国别、贸易方式等统计项目分类汇总的详细数据。海关统计服务方式及统计资料的交流形式更为多样化，从单一的定期纸质报表发展到根据用户要求加工制作专门报表或数据磁带（盘），从交换统计刊物发展到交换数据磁带（盘）。

1990年至1994年，海关总署统计咨询室每年接待咨询达千人次以上。其中，1991年接待国内外数据用户前来咨询、抄录、复制海关统计资料达1600余人次，较1986年增加两倍多。1994年，全国已有20多个海关向所在地政府部门及企事业单位等提供海关统计服务，在当地报刊上发表统计分析文章。海关统计咨询服务成为中国海关重要的对外窗口，取得了良好的社会效益。

第四章
经济全球化下的制度融合（1995—2005）

1992年，邓小平同志发表了重要的南方谈话，对我国经济改革和社会进步起到了关键性的推动作用，改革开放的步伐更加坚定，进一步深化改革、扩大开放成为大势所趋、人心所向。我国逐步取消了外贸指令性计划，完善了出口退税制度，确定了以汇率、关税、税收、利率等经济手段调节对外贸易的管理原则，改革了外汇管理体制，实行人民币浮动汇率制度，改组了国有对外贸易企业，并把对外贸易经营权由审批制改为登记和核准制，推动了对外贸易主体的多元化。我国参与国际市场分工程度加深，对外开放水平明显提升，为我国对外贸易大发展蓄积了足够的能量，也为我国成功加入世界贸易组织创造了良好的条件。

1994年7月1日，《中华人民共和国对外贸易法》正式实施，当年外贸进出口总值首次超过2000亿美元。随着对外贸易依存度[1]（以下简称外贸依存度）的不断攀升，中国经济拥抱全球化，主动融入国际大循环。2001年年底，我国加入世界贸易组织，对外开放进入了全方位、多层次、宽领域的历史阶段，对外贸易也迎来新一轮发展机遇。2006年我国外贸进出口总值达1.76万亿美元，是1980年的46倍，外贸依存度达到67%[2]（见图4-1）。这一时期贸易顺差增加，贸易摩擦加剧，需要加强对国际贸易规则的掌握和适应，主动迎接全球化挑战。

2001年，海关提出“依法行政、为国把关、服务经济、促进发展”的

---

1 对外贸易依存度（Degree of Dependence on Foreign Trade）反映对外贸易与国民经济之间依存程度的相对指标，是对外贸易总值与国内生产总值之比，通常用百分数表示。

2 中华人民共和国国家统计局.中国统计年鉴（2007）[J].北京：中国统计出版社，2007.

工作方针，有力地推动和促进了开放型经济的健康发展。出口加工区等海关特殊监管区域不断设立，保税加工、保税物流等贸易业态快速发展，海关监管方式也随之增加，建立现代化海关制度和全面提高海关整体管理水平的宏伟目标向海关统计提出了更高的要求。

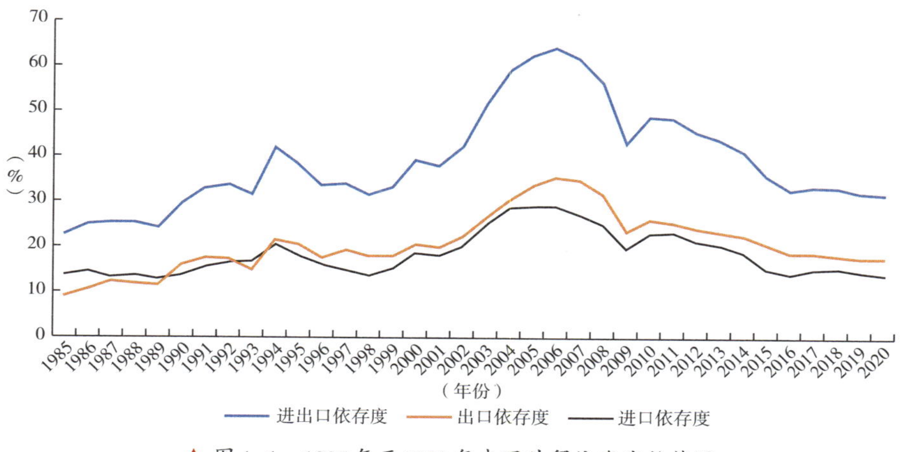

▲ 图4-1　1985年至2020年我国外贸依存度趋势图

一　海关统计制度的修订

为与国际通行的统计制度更加协调，全面反映我国进出口情况，1994年，海关总署在广泛征求意见的基础上对海关统计制度进行了全面修订。1994年11月21日，海关总署和国家统计局联合印发了1995年版《海关统计制度》，于1995年1月1日起施行，1985年版《海关统计制度》同时废止。

1995年版《海关统计制度》共7章32条，在统计范围、统计周期、国别统计项目方面，进一步接轨国际统计标准；在贸易方式、经营单位、境内目的地/境内货源地、关别等统计项目的设置、定义及其统计方法方面，进一步与国家进出口宏观调控和海关高效监管需求相结合。本次修订过程中，海关总署已着手起草海关统计条例，1995年版《海关统计制度》采用了法规条例的文本体例，相关名词术语与海关法规用语保持一致。

为正确施行1995年版《海关统计制度》，海关总署制定了1995年版《实施细则》，该细则共13条，对统计范围、统计项目、统计原始资料、统计资料管理、统计机构和统计人员等内容作出了具体规定。

保税物流货物从“二线”统计改为“一线”统计

这一时期，保税仓库、出口监管仓库、保税区等海关保税监管场所和特殊监管区域在我国对外贸易中的作用日益突出，保税物流货物量快速增加，货物贸易结构发生很大变化。为更完整统计我国对外货物贸易，提升与主要贸易伙伴的数据可比性，在统计范围方面，1995年版《海关统计制度》由原来采用专门贸易制调整为总贸易制[1]，明确规定了海关统计是对进出我国关境货物的统计，凡能引起我国物质存量增加或者减少的进出口货物，均列入海关统计。原来从境内进出保税监管场所或者特殊监管区域时才列入统计（即“二线”统计）的保税物流货物，改为在进出境时列入统计（即“一线”统计）。海关统计地域的界定由此与《海关法》的适用区域一致。

取消起统限额

为适应H883系统一体化作业的要求，海关总署取消了1987年制定的起统限额，价值500元以下的进出口货样、广告品以及30美元以下的其他商品，从不统计调整为列入海关统计，统计范围更加完整。

对经营单位、贸易方式进行调整

1993年起，海关总署对经营单位分类进行了重大调整，实现了一企一码[2]，因此，1995年版《海关统计制度》对经营单位的分类和代码结构作了明确规定。经营单位按企业报关注册登记地的行政区划分为省（自治区、直辖市）、省辖市（地区、省直辖行政单位）、经济特区等；经营单位按企

1 参见本章“二　总贸易制元年”。

2 参见第三章“五　经营单位实现一企一码，经济区划和企业类型统计更加完善”。

业经济性质分为国有企业、中外合作企业、中外合资企业、外商独资企业、集体企业、私营企业、其他7种。

1995年版《海关统计制度》还对贸易方式的分组进行了调整。为适应海关进一步简化保税区进出境货物监管手续的要求，增列“保税区进出境货物”贸易方式，将之前按不同贸易方式统计的进出保税区货物，统一按“保税区进出境货物”统计。

统计国别、统计时间等进一步接轨国际标准

为使我国的进出口货物贸易统计制度进一步与国际接轨，自1994年起，海关总署调整了国别统计规则。一是停止按“贸易国”统计，增加“启运国/运抵国”统计项目作为进出口货物国别统计的补充资料。其中，启运国是指进口货物启始发出直接运抵我国关境，或在运输中转国未发生任何商业性交易的情况下运抵我国的国家；运抵国是指出口货物离开我国关境直接运抵，或在运输中转国未发生任何商业性交易的情况下最后运抵的国家。二是将出口统计“消费国”改为统计“最终目的国”。最终目的国是指出口货物已知的消费、使用或进一步加工制造的国家。最终目的国不能确定时，按货物出口时尽可能预知的最后运往国统计。

1995年版《海关统计制度》规定，海关月度和年度统计数据按公历月和公历年汇总编制，月度统计周期不再使用此前的上月26日至本月25日。这不仅符合联合国统计标准和国际惯例，也使海关统计的编制周期与国家其他宏观统计更为协调一致。

此外，鉴于汽车是国家重点管理的进出口商品，1995年版《海关统计制度》将个人自用进口汽车改为列入海关统计。汽车进出口，无论是贸易性的还是个人自用的，除属于外交机构、人员外的，均列入海关统计。这一做法使海关统计的范围与国际惯例更加吻合。

其他统计项目的调整

为使海关统计数据更加适应国际比较和分析的需求，便于我国向联合

国等国际组织提供进出口货物贸易统计资料，海关统计价格恢复双币种计价，在人民币计价的基础上增加美元计价[1]。1995年版《海关统计制度》规定，进出境货物的到岸价格或离岸价格以其他外币计价的，按照国家外汇管理部门发布的人民币基准汇价表的买卖中间价和各种货币对美元的折算率分别折算成人民币和美元统计。

为避免与《海关法》中的"进口货物的收货人""出口货物的发货人"混淆，1995年版《海关统计制度》将"收货单位所在地""发货单位所在地"更名为"境内目的地""境内货源地"，统计项目的含义和实际统计办法不变。

为识别保税区运往非保税区和非保税区运入保税区货物、保税仓库转内销货物和境内存入保税仓库货物等境内流转货物，避免与实际进出境货物重复统计，海关总署先后增设运输方式代码"7""8""0""1"，用于实施海关单项统计[2]。

此外，为配合1994年国家外汇管理改革，取消"外汇来源"统计项目。

增加海关统计原始资料，明确报关人准确申报的义务

1995年版《海关统计制度》规定，除进出口货物报关单外，增加"经海关核发的其他申报单证"作为海关统计的原始资料，如集中报关货物的申报清单、出口监管仓库货物的出仓货物清单等。

1995年版《海关统计制度》明确，进出口货物的收发货人或他们的代理人（以下简称报关人）是提供海关统计原始凭证的义务人，报关人必须依照《海关法》和1995年版《海关统计制度》的有关规定，向海关如实申报。申报不实影响海关统计准确性的，海关可依照《中华人民共和国海关

1　1980年版《海关统计制度》规定，海关统计价格以人民币计值，同时另以美元计值。1985年版《海关统计制度》规定，海关统计价格以人民币计值。

2　参见附录"关于发布《海关统计贸易方式代码》等5项海关行业标准的公告"。

法行政处罚实施细则》[1]第十一条第五款予以处罚。这一规定进一步保证了海关统计原始资料的质量。

明确海关统计资料的管理要求

1995年版《海关统计制度》明确规定，海关统计机构是海关统计资料的管理部门。全国海关统计资料由海关总署统计机构管理，地方海关统计资料由各地海关统计机构管理。1995年版《海关统计制度》还要求海关统计机构充分开发和利用海关统计信息资源，除另有规定外，应及时向社会提供海关统计信息，定期出版海关统计刊物，实行统计信息社会化。

二 总贸易制元年

为了规范和协调世界各国的贸易统计工作，提升各国统计数据的国际可比性，联合国统计司制定了《国际商品贸易统计：概念和定义》(*International Merchandise Trade Statistics*：*Concepts and definitions*，IMTS)，对进出口货物贸易统计范围、商品分类、商品估价、物量计量、贸易伙伴国、运输方式、数据编制、数据质量控制以及数据发布等作出规定，推荐或鼓励各国货物贸易统计部门参照执行。这一国际货物贸易统计标准体系完整、规范翔实，具有较强的可操作性，被各国广泛采用。

在统计范围方面，IMTS规定，编制国际货物贸易统计通常采用两种贸易制，即总贸易制和专门贸易制。总贸易制是以经济领土[2]作为统计地域[3]，

---

1 《中华人民共和国海关法行政处罚实施细则》于1987年7月1日正式实施，1993年2月17日经国务院批准修订，1993年4月1日重新发布，2004年废止，变更为《中华人民共和国海关行政处罚实施条例》。以下除特殊说明外，各个时期的《中华人民共和国海关法行政处罚实施细则》均简称为《行政处罚实施细则》。

2 经济领土是一国（地区）政府所管辖的人员、货物和资本可以自由流动的地理区域。

3 统计地域是指一国（地区）政府收集数据的地理区域，是国际商品贸易统计用术语。以海关进出口货物报关单作为对外货物贸易统计原始资料的国家（地区），通常以关境作为统计地域。

对进入和离开一国经济领土的所有货物实施进口和出口统计，包括海关保税监管场所或特殊监管区域与境外之间进出的货物；专门贸易制是以经济领土的一个特定部分作为统计地域，如自由流通区、进口加工场所和工业自由区，对进入和离开该地域的货物实施进口和出口统计。按专门贸易制统计的进出口值，一般可以用来考察一个国家在国际贸易中作为生产和消费者的货物流转规模；按总贸易制统计的进出口值，可以用来考察一个国家作为买者或卖者在国际贸易中所起的作用。专门贸易制统计未包括所有的进出境货物，特别是未记录海关仓库和商业自由区的进出境货物，与专门贸易制相比，总贸易制能够提供更全面的对外贸易流量记录，因此，联合国统计司建议各国政府采用总贸易制编制和发布本国的对外货物贸易统计[1]。世界大多数国家都是采用总贸易制编制本国的对外货物贸易统计。

1994年以前，我国的进出口货物贸易统计采用专门贸易制。20世纪90年代初，我国承接国际产业分工，“两头在外”“大进大出”[2]的外向型经济蓬勃发展。为便利和促进外贸企业进出口，海关在加强进出口监督管理的同时，积极采取各种措施，大力简化海关手续，推行保税物流监管等制度。

1995年，全国保税仓库逾千家，从境外进出保税仓库、保税区等海关保税监管场所和特殊监管区域的货物规模大大增加，上述场所和区域的仓储、分拨、转口作用显著提升。改革开放的纵深发展需要海关统计制度与国际标准和海关监管全方位接轨。为及时、完整地反映我国进出口全貌，提升海关统计数据的决策辅助能力，并便于与贸易伙伴间开展统计数据对比和贸易谈判，加强国际交流与合作，我国于1995年开始采用总贸易制编制进出口货物贸易统计。

---

1 在贸易制的使用上，IMTS 1982年第一次修订本没有对各国使用何种贸易制提出建议，只“建议不论采用总贸易制还是采用专门贸易制的国家，要按季度和年度编制海关保税仓库或自由区的进出口商品统计”。1997年第二次修订本则明确“建议各国采用总贸易制编制并在国际间报告其国际商品贸易统计”。

2 “两头在外”“大进大出”是指把生产经营过程的两头（原材料和销售市场）放在国际市场，是20世纪90年代我国沿海地区发展外向型经济的一个做法。

三 单项统计的由来及发展

一些进出口货物虽然不符合列入进出口货物贸易统计的标准，但对于海关科学决策和高效管理有重要意义，需要对其进出口规模、商品类型等进行统计和分析。如加工贸易成品未出境而直接在国内销售的，没有实际出境，不符合列入海关统计的条件，但反映了企业加工贸易进口料件和制成品间的关系，有必要单独统计。IMTS也建议各国尽力收集“不列入统计但单独记录的货物”[1]的信息。因此，为了更好地发挥海关统计在国民经济核算和海关管理中的作用，对于类似这些不列入进出口货物贸易统计的货物、物品，根据管理需要实施海关单项统计。单项统计的数量和金额不计入海关统计，统计资料不对外公布，仅供海关内部或政府部门管理参考使用。

在海关统计恢复之初，“单项统计”的概念就已经确立。1980年版《海关统计制度》规定，“经过中国领土过境的外国货物应单独统计[2]，不列入我国对外贸易进出口总额中”。当时，明确实施单独统计的只有过境货物。1985年版《海关统计制度》第七条扩展了单项统计的范围，增加了对退运的进出口货物作单独统计。随着单项统计数据需求的不断增加，1995年版《海关统计制度》不再列名具体的单项统计货物类型，而是从原则性规定出发，调整为“对不列入海关统计的货物，必要时可实施单项统计。”1995年版《实施细则》具体规定了单项统计的货物类型，包括免税品、进料加工转内销货物、来料加工转内销货物、转销内地的特区进口货物、保税区运往非保税区和非保税区运入保税区货物（分各种贸易方式）、保税仓库转内销和境内存入保税仓库货物（分各种贸易方式）、退运货物及过境货物等。

1 IMTS将国际贸易货物分为3类：建议列入统计的货物、建议不列入统计的货物、建议不列入统计但单独记录的货物。

2 即“单项统计”，两者词义相同。

增列单项统计贸易方式，推动加工贸易快速发展

随着我国加工贸易的快速发展，加工贸易在国内的生产、销售链条延长，料件和成品在国内流转的情况越来越多。为满足对加工贸易的监管需要，海关在这一时期集中增加了多个用于加工贸易的单项统计贸易方式，迎来了第一个增列高峰期。

自1988年1月1日起，增加“进料加工成品以产顶进”“来料加工成品以产顶进”“进料加工转内销”“来料加工转内销”4种单项统计的贸易方式，用以反映“两头在外”的加工贸易产品转为境内使用，以满足境内生产和生活需要的情况。同时，也便于海关对加工贸易进出口情况和产品流向开展分析。

1997年，为适应海关对加工贸易货物全程信息化管理的需要，方便分类统计及业务数据分析，海关对深加工结转、料件复出口、余料结转、成品退运、料件转内销、成品转内销、结转设备、退运设备等加工贸易货物，增列或调整了多个单项统计贸易方式，基本覆盖了加工贸易货物的全部流向。增列单项统计贸易方式，有力地促进了加工贸易的发展，推动了国内产业链的延长和加工贸易增值率的提高。

总贸易制下单项统计方法的创新

20世纪90年代以来，为适应不同时期对外开放和经济发展的需要，国务院先后批准设立了保税区、出口加工区、保税物流园区、保税港区、综合保税区等各类海关特殊监管区域，各地也纷纷设立保税仓库、出口监管仓库、保税物流中心等海关保税监管场所。在这些特殊区域或场所内，国家实施不同于境内一般区域的税收、金融等政策和海关监管政策。

为了全面掌握境内进出上述特殊区域或场所货物（即“二线”进出口货物）的流向、流量等情况，同时遵循联合国建议，按照总贸易制编制我国进出口货物贸易统计，确保海关统计的完整性和国际可比性，海关总署及时研究制定相应的单项统计方法，对“二线”进出口货物采用特殊运输方式进行识别，对每一类区域或场所增列运输方式。截至2021年9月，共设有13种单项统计用运输方式统计代码。这一方法既保持了监管方式运用的独立性，又能直观反映货物流向，是统计方法的创新性设计。

同时，单项统计的货物类型也在持续拓展和丰富。截至2021年9月，海关对近40种货物实施单项统计，如2007年增加跨境运输的内贸货物[1]，2012年增加定制型计算机软件，2014年增加保税维修货物。这些货物的进出口数据同进出口货物贸易统计数据一样，是海关统计资料的重要组成部分，发挥着服务经济和社会发展的重要作用。

四 海关统计数据使用的权威性

自1981年起，经国务院批准，中国对外正式公布的进出口贸易情况使用海关统计数据。但海关统计和外经贸部门的进出口业务统计长期并行使用，两者在资料调查和传输、统计项目、统计价格、商品分类、贸易伙伴国确认原则等方面均存在差别。随着外贸专营制的取消和各种所有制进出口企业的出现，国有外贸专业公司的进出口业务统计很难全面覆盖各种进出口情况，不能确保统计资料的全面完整性，而以报关单为统计原始资料、全面采用国际标准的海关统计数据更为客观、准确。

1988年1月15日，国务院领导在关于海关统计与对外经济贸易部进出口统计数字差异问题查对情况的报告中再次强调，进出口数据以海关统计为准。1997年亚洲金融危机爆发，高质量的海关统计数据在国家应对金融危机过程中的决策辅助作用进一步凸显。

1998年11月20日，根据国务院领导同志的指示精神，为统一口径、便于比较、避免混乱、有利工作，对外贸易经济合作部、国家发展计划委员会[2]、海关总署联合下发通知，决定统一使用海关统计数据反映进出口

1 跨境运输的内贸货物是指由我国关境内一口岸启运，通过境外运至我国关境内另一口岸的国内货物。

2 现为国家发展和改革委员会。

情况，要求各地区在制定政策、研究问题、指导工作时，涉及进出口业务的，要以海关统计数据为准；地方政府对外公布、使用进出口贸易统计数据时，要以海关统计为准，并标明数据来源；要妥善处理海关统计和外经贸业务统计的关系，明确海关统计是我国官方的进出口统计，外经贸业务统计主要服务于内部管理，原则上不得对外公布。

同时，该通知也明确了各直属海关向地方政府部门提供海关统计数据的时间和范围，规定了海关提供统计信息咨询服务与地方政府部门使用海关统计数据时应注意的事项等。自1999年1月起，各直属海关定期向所在地政府部门提供海关统计数据，从国家宏观调控层面到地方落实政策层面，海关统计数据作为对外贸易官方统计的权威性进一步得到增强。

五 双国别统计更清晰反映贸易流向

原产国和最终目的国

“镜像特征”是国际贸易的一项重要特征，即一国的出口必然反映为另一国的进口，在统计上，出口国的每一笔出口统计，必然有交易对方作相应的进口统计，反之亦然，交易的双方称为贸易伙伴国。在国际贸易中，由于货物的生产、加工、交易、运输、消费各环节错综复杂，世界各国规定的国别统计原则也不尽相同，曾经存在3种不同的记录贸易伙伴国的方法[1]。

世界各国贸易管理措施大多按照国别实施。如最惠国待遇、普惠制、配额、反倾销等措施都是针对进口货物的原产国实施的，贸易禁运、某些产品的出口限制等则会涉及其目的国。因此，大多数国家都十分重视编制国别统计资料，作为监测有关贸易管理措施执行情况和进行政府间贸易谈判的重要依据。1980年恢复海关统计时，我国按照“原产国”统计进口

1 购自国/售予国、启运国（发货国）/目的国（已知的最后目的国）、原产国/消费国。

货物的伙伴国，按照“消费国”统计出口货物的伙伴国，但在实际统计出口“消费国”时，往往与最终目的国一致[1]。联合国的调查结果显示，截至1993年年底，80%以上的发达国家和75%以上的发展中国家均采用产消国别编制并公布本国的贸易统计。自1995年起，为了在表述上更为准确，将出口货物统计的“消费国”调整为“最终目的国”。

随着对外贸易快速发展，我国的贸易伙伴不断增加，海关统计适时增加或调整贸易伙伴的国别代码，更全面地反映我国与各国的贸易往来情况。如1991年德意志民主共和国和德意志联邦共和国合并为德意志联邦共和国，海关总署取消了德意志民主共和国代码，在其合并后仍使用原德意志联邦共和国国别代码。1991年苏联解体，原加盟共和国均成为独立国家，海关总署及时增列俄罗斯、乌克兰、哈萨克斯坦等相应国家的国别代码。

以启运国/运抵国取代贸易国

1980年至1993年，我国按照“贸易国”（也称“购自国/售予国”）编制进出口货物的国别统计补充资料，贸易国是进口货物的卖方或出口货物的买方所在的国家。在转手贸易[2]时，货物并不经过贸易国而直接发往最终目的国，贸易国并没有对应的进口及出口记录，造成货物的贸易统计资料与实际物流资料不匹配，无法准确跟踪货物的实际流向，不利于开展贸易数据镜像分析。为进一步与国际接轨，按照联合国统计司推荐，自1994年起，我国经过调整，将“启运国/运抵国”作为进出口货物国别统计的补充资料，取消报关单“贸易国”栏目，增列“启运国/运抵国”栏目，同时停止按照“贸易国”编制国别统计资料。

为更加全面完整地反映货物的交易情况，观察贸易流向与资金流向的匹配度，自2016年4月起，进出口货物报关单中恢复申报“贸易国”。

1 参见第二章“海关统计的国别”。

2 即Merchanting Trade，是指我国居民从非居民处购买货物，随后向另一非居民转售同一货物，而货物未进出我国关境。

六 审核作业集约化的坚守与创新

20世纪80年代后期，海关总署就开始尝试开展关区间统计数据质量互查，1995年首次发文通报全国各片区互查工作情况，从工作组织、制度落实、各关经验、存在问题、工作建议等方面进行总结和梳理。片区互查中发现的典型性、倾向性问题，海关总署以工作要求或工作提示方式下发各关，供全国海关统计部门学习，推动全国海关整体统计数据质量控制水平的提高（见图4-2）。

▲ 图4-2 海关分片区进行统计工作质量互查

为进一步提高统计数据质量，确保年鉴等统计资料的准确性，自2001年起，海关总署对各直属海关上报数据开展年度集中审核，由此建立了统计数据的年审制度。年审制度规定，每年年初由各直属海关对本关区上一年度统计数据质量进行全面自查，之后海关总署组织部分关区统计业务骨干成立年审小组，集中审核上一年度全国进出口货物贸易统计数据，统一进行数据更正，年审结束后海关不再更正上一年度数据，并编制出版

▲ 图4–3　海关统计人员审核《中国海关统计年鉴》

《中国海关统计年鉴》（见图4–3）。

这项工作是海关对上一年度进出口贸易数据的最后一次质量检查，意义重大且任务繁重。2005年，海关总署在年审的基础上增加半年审，规定当年7月和次年2月为各直属关统计数据半年审时间，海关总署在8月和3月进行集中复核，在减轻统计数据年度审核工作压力的同时，有效发挥了年审制度在数据质量控制工作中的作用。

2001年年底我国加入世界贸易组织后，外贸飞速发展，贸易摩擦与争端引起的“反倾销”“反补贴”等调查也越来越多，海关统计数据成为发起或应对“双反”调查的重要依据，通过对数据进行整理分析，提供决策参考。同时，海关在数据审核中，以查发异常数据为重点，开展“双反”调查配合工作，对涉及的重点国别、重点商品开展专项核查，逐票核实相关进出口记录。

如加入世界贸易组织后，大量低价钢材涌入中国，中国根据世界贸易组织相关规定，于2002年对冷轧普薄板、热轧普薄板、彩图板、硅电钢、冷轧不锈薄板等5类钢材实施为期180天的保障措施。保障措施实施期间，全国海关统计部门每天对上述商品的原产国别、商品归类、价格及数量等进行专项审核，及时上报统计数据并开展统计监测预警，确保了保障措施的顺利实施。2005年，为配合实施中国与欧盟签订的纺织品协定，海关对出口欧盟纺织品数量比、单价超出合理区间的数据记录开展专项核查。统计专项审核的业务逻辑和理念也被广泛用于海关通关规范申报和风险管理，促进了海关管理效能的提升。

七 统计监督助力海关管理

统计监督是统计工作的基本任务之一。恢复海关统计后的第一版《海关统计制度》（即1980年版《海关统计制度》）就明确规定，海关统计是检查和监督对外贸易计划实际执行情况，研究对外贸易发展和国际经济贸易关系的重要资料。

海关统计监督是海关在统计数据审核及分析研究的基础上，对企业的进出口行为、过程以及海关各项业务管理活动进行监督监测、预警，查找、揭示存在的问题和风险，检查虚报、瞒报、伪造、篡改统计资料的行为。海关统计数据既是对我国企业进出口过程的记录，也是对海关管理过程和结果的记录。数据审核是开展统计监督工作的基础，各级海关统计部门在审核数据的过程中，对照国家贸易政策和海关管理规定，根据统计项目之间的逻辑关系，查找异常记录并进行数据分析，检查企业申报的准确性，评估海关执法水平，将发现的问题反馈给相关单位和部门。因此，开展统计监督既是确保海关统计数据准确性的内在要求，也是统计部门参与海关管理、发挥职能作用的重要体现。

恢复海关统计后，海关统计部门在数据审核中纠正了不少错、漏征税情况，仅1988年全国海关就通过统计审核数据发现并纠正错、漏征税300多起，金额达3965万元。同时，海关统计部门还将统计监督的视野延伸至国家政策的执行情况。

如我国自1985年开始对出口产品实行退税政策，20世纪90年代初，个别单位利用不法手段，骗取出口退税，使国家财政蒙受损失。针对这一情况，1992年，九龙海关统计部门不断加强统计数据审核，多次开展鱼翅、化妆品、工艺品、拉链、电线等商品的出口调研，向国务院反映情况，呼吁采取有效措施制止出口骗税行为。这一建议被采纳，有关部门进一步加强了对出口退税的管理。

1996年9月，全国海关统计工作会议在苏州召开。会议指出，在当前形势下，统计工作比以往任何时候都更受重视。会议要求各级海关深入研究和加强海关统计工作，进一步发挥海关统计为领导决策服务、为对外经济发展服务、为海关管理服务的职能作用；同时提出，统计工作要树立参与管理的意识、依法统计的意识、科技意识和服务意识，强化统计监督职能。

1996年4月，海关总署创办《统计监督信息》，全国海关统计监督工作全面展开，至1998年10月，海关总署共编发《统计监督信息》83期，反映了多起涉及走私、违规等问题。如1998年第12期《统计监督信息》记载，某企业以加工贸易方式进口毛豆油1万多吨，但无相关产品的出口记录。经核查发现，该企业涉嫌伪造加工贸易手册，后被正式立案调查。

随着经济体制改革的深入推进，外部环境与内部环境的改变都对海关工作提出了新的挑战。1998年7月，全国打击走私工作会议在北京召开，党中央、国务院作出打击走私犯罪活动的重大决策和部署，对于保障国民经济健康发展，维护社会主义市场经济秩序和社会稳定具有十分重要的意义。自1999年起，海关充分利用统计数据及相关通关、征税及查验等海关业务数据，运用科学手段和方法，推出了以税收征管质量控制、加工贸易监管状况分析、物流状况监测为主要内容的海关执法评估系统，海关统计监督由个案监督走向了个案监督与整体监督并行的阶段。2011年，海关总署进一步加强统计监督工作，调整统计监督重点，开展宏观监控，为后来防范和惩治非正常贸易对海关统计数据质量的影响奠定了重要基础。

八 开展统计处罚，保障数据质量

对进出口货物申报不实影响海关统计准确性情形实施的行政处罚也称统计处罚。在1985年版《海关统计制度》中，依据《统计法》，海关统计人员被赋予了保障海关统计数据准确性的相关权力，如要求进出口货物的收发货人或者报关人依照海关规定，如实填报进、出口货物报关单及其他申报单证。1987年7月1日，作为《海关法》重要的配套行政法规，《行政处罚实施细则》正式实施，其第十一条第五款规定，“进出境货物申报不

实的，处货物、物品等值以下或者应缴税款两倍以下的罚款”。1987年版《行政处罚实施细则》出台后，各海关开始尝试对进出境货物申报不实影响海关统计准确性的情形实施行政处罚。

20世纪80年代末期，三资企业、民营企业的进出口业务快速发展，报关人员需求很大，而培训工作无法及时跟上，报关水平参差不齐，报关单的填报质量不佳，影响统计数据的准确性。依据《行政处罚实施细则》，海关对申报不实影响海关统计准确性的进出口企业实施行政处罚，有效减少了报关的差错。如南海海关曾经是广州关区申报差错率较高的现场之一，1994年1—7月平均申报差错率是23‰，自1994年7月实施统计处罚后，差错率逐月减少，8—12月平均申报差错率迅速降至9.7‰。

1993年4月1日，海关总署发布了重新修订的《行政处罚实施细则》，首次明确统计项目申报不实及未按期答复统计人员查询等行为，可以据其第十一条第五款规定施以处罚。1995年版《海关统计制度》依据该细则增加了统计处罚的相关条款，进一步细化了处罚标准，为海关统计处罚工作提供了更为具体的依据，具有较强的可操作性，使海关统计人员能够依靠法律手段，对进出口申报人进行更为有效的管理，保证了统计数据质量，提高了海关统计的权威性。各直属海关依据1995年版《海关统计制度》，结合本关实际制定了统计处罚的操作办法，统计处罚工作进一步规范化。（见图4–4）

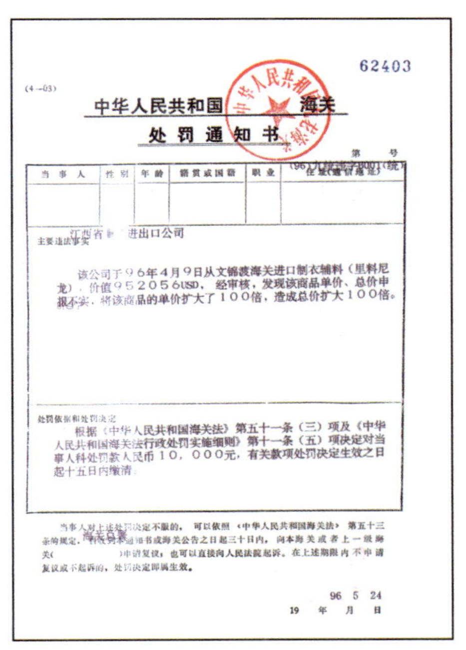
62403

(4—03)

中华人民共和国　　海关

处罚通知书

第　号
(96)九统违字8001(统)

当事人	性别	年龄	籍贯或国籍	职业	住址(通讯地址)

主要违法事实

江西省　　进出口公司

该公司于96年4月9日从文锦渡海关进口制衣辅料（里料尼龙），价值952056USD，经审核，发现该商品单价、总价申报不实，将该商品的单价扩大了100倍，造成总价扩大100倍。

处罚依据和处罚决定

根据《中华人民共和国海关法》第五十一条（三）项及《中华人民共和国海关法行政处罚实施细则》第十一条（五）项决定对当事人科处罚款人民币10，000元，有关款项处罚决定生效之日起十五日内缴清。

当事人对上述处罚决定不服的，可以依照《中华人民共和国海关法》第五十三条的规定，自收到本通知书或海关公告之日起三十日内，向本海关或者上一级海关(　　　　)申请复议，也可以直接向人民法院起诉。在上述期限内不申请复议或不起诉的，处罚决定即属生效。

19 96 年 5 月 24 日

▲ 图4–4　1996年海关制发的统计处罚通知书

2004年，国务院颁布了《中华人民共和国海关行政处罚实施条例》（以下简称《海关行政处罚实施条

例》)，其中第十五条规定，“进出口货物的品名、税则号列、数量、规格、价格、贸易方式、原产地、启运地、运抵地、最终目的地或者其他应当申报的项目未申报或者申报不实的，……影响海关统计准确性的，予以警告或者处1000元以上1万元以下罚款；……”，统计处罚的依据和标准首次被明确写入了法规。2005年12月25日，《中华人民共和国海关统计条例》(以下简称《海关统计条例》)公布，其中第二十一条明确规定，“依法应当申报的项目未申报或者申报不实影响海关统计准确性的，海关应当责令当事人予以更正，需要予以行政处罚的，依照《中华人民共和国海关行政处罚实施条例》的规定予以处罚”。《海关行政处罚实施条例》和《海关统计条例》的实施，为统计人员进一步运用法律手段提高统计数据质量给予了支持和保障。

此后，海关总署陆续出台了统计处罚适用程序、立案标准、处罚幅度等的相关文件。如2010年海关总署制定了海关办理行政处罚简单案件程序规定，明确了海关处理统计处罚案件时，违法事实清楚、违法情节轻微的，适用简单案件程序。2017年，海关总署出台了海关办理行政处罚简易程序案件和简单案件的操作规程，进一步明确了办案程序、所需的证据材料以及处罚幅度参照标准。上述举措不断促进海关统计处罚工作制度化和规范化。

九 编制对外贸易指数，参与国民经济核算体系建设

对外贸易指数是反映一国在一定时期内进出口商品价值、价格和数量变动趋势及幅度的统计指标。宏观上，它是国民经济核算体系的重要组成部分，是开展经济分析和预测不可缺少的重要指标和工具；微观上，它是行业、企业洞察市场行情的有效手段。美国、荷兰、英国、德国等贸易大国很早就开始编制、发布对外贸易指数，并被政府、企业、金融证券研究机构等社会各界广泛应用。

1992年，为了给国家宏观经济调控提供决策依据，国家统计局着手建立新的国民经济核算体系，海关统计总值数据和海关编制的对外贸易指数成为新的国民经济核算体系的重要组成部分。1994年，海关总署开

始试编中国对外贸易指数，包括对外贸易进口价格（单位价值）指数和出口价格（单位价值）指数，进口数量指数和出口数量指数，进口价值指数和出口价值指数。2000年，在国际货币基金组织的技术援助下，海关总署着手修订对外贸易指数的编制方法。在样本选取、指数公式的确定和汇总方案设计方面，新的编制方案与国家统计局对国内生产和消费价格指数的编制方法相衔接，涵盖的商品范围和指数种类全面，能够充分满足各类数据使用者的需要。2001年11月，来自国际货币基金组织、世界银行、国家统计局、中国人民银行、中国人民大学等机构的16位专家一致评审通过了新修订的对外贸易指数编制方案。

2003年，海关总署正式启用新方法编制对外贸易指数，在内部资料上刊登。2004年，我国对外贸易总值突破1万亿美元，位列世界前三，外贸依存度达到59%，对外贸易指数，尤其是价格指数的重要性日益彰显。2005年，海关总署开始正式编制出版《中国对外贸易指数》月刊，通过将进出口商品按照HS、SITC、BEC[1]等标准详细分类，满足政府、企业、公众和研究机构等多方面的需要（见图4–5）。此后，国家统计局编制的《中国统计年鉴》收录年度中国对外贸易指数。

▲ 图4–5　海关总署正式编制的月度出版物《中国对外贸易指数》与中英文版《海关统计》

1　即Classification by Broad Economic Categories，指《按大类经济类别分类》，由联合国统计司制定。

十 海关统计数据透明度进一步提高

2002年，中国正式加入国际货币基金组织的数据公布通用标准（General Data Dissemination Standard，GDDS），我国海关统计数据的公布必须在数据特征（范围、频率和及时性）、质量、完整性以及公众获取等4个方面，按照GDDS框架要求进行规范，我国开始制定和执行面向社会公众的“数据透明计划”，定期向GDDS提供中国对外贸易统计数据和数据编制说明，海关统计数据的公布方式也随之改进。自2003年起，海关总署每年年底向社会公布下一年度的海关统计数据发布时间表，包括统计快报、月报、年鉴以及数据查询的具体时间，以方便公众使用海关统计数据，同时进一步做好海关统计信息的咨询服务工作。2006年8月，海关总署通过海关门户网站发布海关统计快讯，包括统计快报、月报的进出口总值、贸易方式、重点商品、主要国别、企业性质的人民币值和美元值等。自2014年6月起，《海关统计》月刊中文版在海关门户网站公布。2014月11月，中国在二十国集团（G20）领导人峰会上宣布采纳国际货币基金组织的数据公布特殊标准（Special Data Dissemination Standard，SDDS），随后，海关总署改进海关门户网站统计栏目，专设了SDDS界面，采用中英文两种语言公布数据发布时间表、主要进出口数据以及数据诠释报告，向数据使用者介绍中国进出口贸易统计数据的资料来源、统计制度与编制方法，使国内外公众能够及时获得可靠的中国海关统计数据。

第五章 新时期海关统计制度建设踏上新征程（2006—2017）

2007年爆发的美国次贷危机，到2008年演化成一场全球性的金融危机，并且迅速从金融领域扩散到实体经济领域，从美国扩散到世界主要经济体，其来势之猛、扩散之快、影响之深，为1929年至1933年经济大萧条以来所仅见。2009年，全球货物贸易进出口值由2008年的32.7万亿美元下滑至25.3万亿美元，同比下降22.6%。中国经济发展也不可避免地受到国际金融危机的冲击。

2009年，我国外贸发展迎来改革开放以来最为困难的一年，当年外贸进出口值为2.2万亿美元，同比下降13.9%，是我国加入世界贸易组织以来首次出现同比下降。面对来势汹汹的金融危机，我国政府迅速行动部署，先后出台了完善出口退税政策、改善贸易融资环境、扩大出口信用保险覆盖面、提高贸易便利化水平等稳外贸政策措施“组合拳”，取得了显著成效。2009年我国进出口降幅逐季度缩小，至第四季度同比由负转正，当季实现了9.2%的增长，对外贸易率先企稳回升，中国在世界经济贸易中的作用日益突出，全球贸易大国地位得到巩固与加强。多元化市场战略成效凸显，我国在对外贸易、利用外资、对外投资等领域取得重要进展。

2012年11月，中国共产党第十八次全国代表大会召开，改革开放进入一个新的历史时期。针对我国经济发展处于增长速度换挡期、结构调整阵痛期、前期刺激政策消化期“三期叠加”阶段的基本特征和工作要求，2013年，习近平总书记作出我国经济发展进入新常态这一重大论断。中国发出改革开放“再出发”的时代强音，开启全面深化改革、推动形成全面开放新格局。

2013年，中国外贸进出口达到4.2万亿美元，成为全球货物贸易第一大国。2014年，中国全面推进依法治国迈出坚实步伐，建立健全完备的法律规范体系，以良法保障善治是全面依法治国的前提和基础。2015年，为了适应并引领经济发展新常态，党中央提出“供给侧结构性改革”的重大决策部署。这一时期，海关统计法制建设取得重大突破，新型海关统计体系初步建成，海关统计制度建设踏上新的征程。

一 海关统计法制建设之路

进入新世纪后，海关统计伴随着改革开放和国家经济建设发展的步伐稳步迈进，统计制度不断完善，统计方法日臻先进，法制体系日益健全。

《海关统计条例》的出台

海关统计制度体系的基石是《统计法》和《海关法》。其中，《统计法》是我国关于统计制度的基本法律，在我国的统计法律制度体系中具有最高的法律效力，是制定统计行政法规、统计部门规章的依据，其立法宗旨是保障统计资料的真实性、准确性、完整性和及时性。《统计法》对统计工作中的根本性问题作出规定，包括统计工作的基本任务和要求、统计管理体制、统计调查管理、统计资料管理和公布、统计机构和统计人员的设置和职责、统计监督检查、统计法律责任等。《海关法》则是规范海关管理制度的基本法律，《海关法》规定中华人民共和国海关是国家的进出境监督管理机关，海关依照《海关法》和其他有关法律、行政法规，监管进出境的运输工具、货物、行李物品、邮递物品和其他物品，征收关税和其他税、费，查缉走私，并编制海关统计和办理其他海关业务。《海关法》使海关统计职能具有了法律依据。然而《海关法》对编制海关统计只作了原则性规定，《海关统计条例》出台前，海关主要依据海关总署与国家统计局联合发布的《海关统计制度》开展统计工作，在《海关统计制度》中规定了进出口货物的统计范围、统计项目及其含义、统计方法、统计资料报送程序、报送时间、统计机构的设置和统计人员职责、统计监督检查、

统计人员的权力义务等。

考虑到海关统计工作在国家经济管理中的重要作用，海关统计法律关系中有关各方的责任和义务更适宜由国家出台行政法规来规定。1990年8月，海关总署在昆明召开部分海关统计负责人座谈会，首次对制定《海关统计条例》进行了探讨。与会同志一致认为，恢复海关统计10年来，海关统计的信息、咨询、监督作用日益突出，越来越受到国务院领导的重视和社会各界的关注，形势对海关统计提出了更高的要求。但是现行的《海关统计制度》与海关统计的任务不相适应，《海关统计制度》为内部执行的规范性文件，对外缺乏约束力，不能确保进出口货物报关单位严格按照海关统计要求填报统计项目，影响了海关统计的准确性和及时性。会议讨论了制定《海关统计条例》的必要性及其主要内容，形成了初稿，但后来由于各种原因暂时搁置，未进入立法程序。

1997年8月，海关总署重新着手《海关统计条例》的起草工作，1998年年底申请进入立法程序。2004年年初，《海关统计条例》列入了当年国家二类立法计划。2004年5月，海关总署起草的《海关统计条例》送审稿在国家有关部委间征求意见，共收到64条反馈意见。海关总署采纳或原则采纳了其中43条意见，对未采纳的意见专门作出书面解释，并赴有关部委做说明工作。修改后的《海关统计条例》送审稿共分6章31条。随后，国务院法制办对送审稿的体例作了进一步修改，形成了报国务院领导的传签

▲ 图5-1　海关统计人员庆祝《海关统计条例》颁布实施

稿。2005年12月25日，时任国务院总理温家宝签发国务院第454号令，公布《海关统计条例》，于2006年3月1日起施行。8年的不懈努力终于取得了鼓舞人心的成果（见图5-1）。

《海关统计条例》是根据海关统计的性质、任务和重要作用，遵循国际规则而制定的一部内容完备、结构清晰、权力义务明确的行政法规，共22条，不分章，规定了立法的目的和依据，海关统计性质、海关统计任务以及海关统计的组织管理机构，海关统计范围、海关统计的基本项目及其统计方法，海关统计原始资料及其管理和公布要求，海关统计人员及相对人的权利和义务以及法律责任等。

《海关统计条例》第一次在行政法规中明确，海关统计的任务不仅仅是数据的管理与汇总，还包括统计监督和监测预警，充分体现了海关统计工作在国家统计和国家宏观经济决策中的作用，为海关统计开辟了更加广阔的天地，使海关能够更加充分发挥统计工作的信息支持、决策辅助、监测预警和监督职能作用，履行把关服务职责，更好地为领导决策服务，为对外经济贸易发展服务，为海关管理服务。

《海关统计条例》的制定与实施，是海关统计发展史上具有里程碑意义的大事。《海关统计条例》是对《海关法》中海关统计任务的具体化，使以《海关法》为核心、海关行政法规为主体的海关法律体系进一步健全，海关的执法依据更为明确，职权与责任更加清晰，对建立健全海关统计法律体系，确立海关统计的法律地位，保障科学、有效地开展海关统计工作，充分发挥海关统计在国家宏观经济调控和海关严密高效管理中的监督、监测、决策辅助作用，具有极其深远的意义。

《海关统计条例》实施以后，为更好地理解法条精神并正确运用法律规范，海关总署组织系统内统计业务专家编写了《〈中华人民共和国海关统计条例〉释义》一书，由中国海关出版社公开发行。全书结合国际货物贸易统计标准及我国海关统计工作实践，逐条解释了《海关统计条例》，既丰富了《海关统计条例》的内涵，也进一步探索了《海关统计条例》的法律意义，是一部很有价值的工具书（见图5-2）。

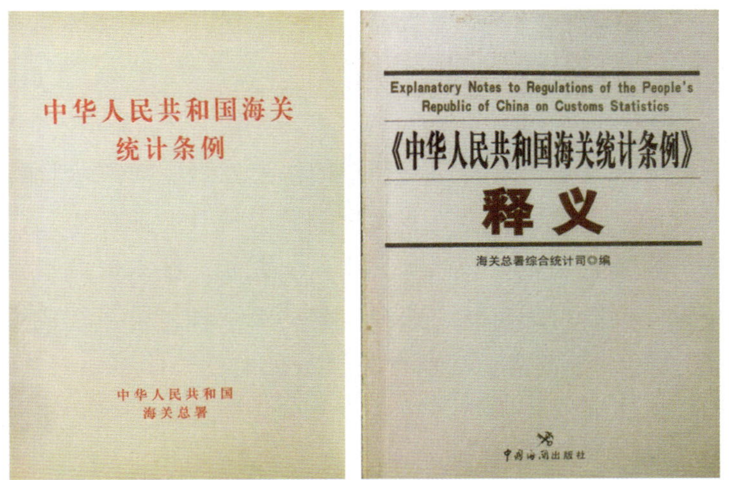

▲ 图5-2 《海关统计条例》及其释义

制定《中华人民共和国海关统计工作管理规定》

《海关统计条例》颁布后，海关总署随即制定了《中华人民共和国海关统计工作管理规定》（海关总署令第153号公布，于2006年11月1日起正式施行，以下简称2006年版《海关统计工作管理规定》），1995年实施的《海关统计制度》及其《实施细则》停止执行。

2006年版《海关统计工作管理规定》共39条，不分章，是《海关统计条例》的执行性文件和具体操作规范，有效衔接了《海关统计条例》和原《海关统计制度》及其《实施细则》，对于未能在《海关统计条例》中列出的事项作了具体规定，保证了各级海关对条例的正确理解和统一执行。如明确规定海关统计工作坚持准确及时、科学完整、国际可比的原则；对于不列入海关统计的货物，海关根据需要实施海关单项统计；规定了统计人民币价格和统计美元价格的折算汇率；在附录中具体列名了海关统计的贸易方式和实施海关单项统计的货物类型等。《海关统计条例》和2006年版《海关统计工作管理规定》的出台，弥补了海关统计工作执法依据在法规和部门规章层面上的空白，海关统计制度从内部走向前台，自此形成了法律、行政法规、部门规章、规范性文件以及内部规定等5层级有机结合的海关统计制度体系。

二 新型海关统计体系的构建

伴随着国家改革开放和国民经济的快速发展，海关统计职能由最初的建章立制、审核数据，逐步发展到贸易统计、业务统计、报关单数据管理、监测预警以及执法评估等5个方面，基本形成了一套准确及时、科学完整、国际可比、服务监督的海关统计体系，成为海关一张靓丽的“名片”。但随着形势的发展，海关统计体系中一些不完善、不适应的问题也同时显现，并逐渐成为制约海关统计进一步发展的主要矛盾。

新型海关统计体系的提出

中国共产党第十八次全国代表大会将科学发展观正式确立为党的指导思想，强调要以加快转变经济发展方式为主线，把推动发展的立足点转到提高质量和效益上来，全面提高开放型经济水平。这为海关统计工作指明了发展方向。海关以科学发展观为指导，贯彻落实中国共产党第十八次全国代表大会提出的重要战略决策，积极思考和探索创新海关统计工作的新思路和新方法，将海关统计工作的重心从主要关注我国外贸进出口数量、速度和规模，逐步转变到数量与质量、速度与效益、规模与水平并重上来。

2013年，海关总署提出把“研究构建新型海关统计体系”作为当年乃至今后一个时期全国海关统计工作的中心任务。新型海关统计体系是统计理念、统计模式、运行机制、指标体系、统计产品开发和服务方式等方面的创新，旨在为海关统计事业的长远发展确立方向，从整体上解决制约海关统计发展的深层次问题，使海关统计更好地发挥职能作用，更好地落实和践行科学发展观。围绕构建新型海关统计体系的目标，全国海关开展了广泛的调查研究，从海关总署到基层海关，以统计条线为主的海关工作人员通过征文、研讨会等各种方式，积极建言献策，展开

了解放思想的大讨论，从理论体系、指标体系、工作体系角度探讨海关统计工作的发展。

新型海关统计体系的探索与实践

这一时期，我国正处于全面深化改革，加快转变经济发展方式，全面提高开放型经济水平的关键时期，新的贸易业态不断涌现，贸易统计指标体系已难以全面、客观、准确地反映外贸进出口发展的实际状况。贸易统计指标体系科学完善与否直接影响到海关统计的客观性、全面性和国际可比性，关系到海关统计的权威性和海关统计的可持续发展，因此，在新型海关统计指标体系的探索与实践中，海关率先开展了贸易统计指标体系和中国外贸发展质量评价体系的研究。2013年，海关总署组织海关系统首批统计专家和业务骨干开展了新型海关贸易统计指标体系的署级课题研究。2014年2月完成课题研究工作并通过专家评审。

在现有报关单数据的基础上，新型海关贸易统计指标体系增加了与进出口货物贸易统计有关的其他海关内外部数据，第一次提出引入外部数据源的设想，使海关统计的原始资料来源更加多样化，更加全面地反映各种贸易业态，为外部数据的采集应用奠定了理论基础。

新型海关贸易统计指标体系打破了长期以来海关仅仅依靠行政记录开展工作的固有模式，第一次从理论角度将海关统计工作环节从海关管理中独立出来，为此后海关正式开展统计专项调查、进一步丰富海关统计产品夯实了基础。

同时，海关还从“转方式、调结构、增效益、扩潜力、提升竞争力”等5个方面研究设置评价指标，编写了《中国城市外贸竞争力研究报告》和《中国行业外贸竞争力研究报告》，是新型海关统计体系的又一实践。

三 更加贴近贸易发展实际的统计范围

随着国家全面深化改革，扩大开放，不断释放政策红利，我国对外贸易也快速发展，对外贸易规模逐步扩大，新型贸易业态不断涌现。2010年2月，第41届联合国统计委员会正式公布了IMTS 2010。在其修订过程中，中国海关积极参与，并先后选派统计专家参与修订专家组工作，IMTS 2010将加工贸易统计等中国建议纳入货物贸易统计的国际标准（见图5-3）。IMTS 2010出台后，为了在新的对外贸易形势下准确实施联合国货物贸易的最新统计标准，完整地统计中国的货物贸易，与服务贸易统计合理区分，海关总署积极改进统计方法，调整统计口径，完善统计范围，以更加贴近我国贸易发展实际，满足各类数据用户对海关统计的需求。

▲ 图5-3　2008年，海关统计人员开展IMTS修订相关调研

免税品列入货物贸易统计

免税品指在免税店销售的进口商品，按照专设的监管方式（代码1741）报关进口。早期的免税店主要设在口岸及进出境运输工具上，消费主体是外籍人士，商品的最终消费使用地主要在境外，品种和规模也有

限，对国内物质资源存量几乎没有影响，在统计上将其视作进出境旅客携带的自用合理数量范围内的物品。因此，1980年至1985年，免税品不列入海关统计，1986年起对其实施海关单项统计。

随着改革开放的深入和国民经济的快速发展，国内居民的可支配收入逐年提高，出入境也日益便利化，进口免税品在中国境内的消费群体也在发生变化。海关总署调研显示，进口免税品的购买和消费主体已经由外籍人士为主转变为出境后复进境的境内居民为主，绝大多数免税品的最终消费、使用所在地由境外转为境内。2010年前后，北京、上海等进出境旅客集中的城市开始对免税品的提货方式进行便利化改革，中外旅客出境前可以在免税店（以机场免税店为主）先行购买免税商品，不再直接携带出境，而是暂时存放在免税店，待旅客返回入境时再从免税店提货进境。提货方式的改革进一步促进了免税品的销售，免税品进口规模开始快速增长。

2011年4月，海南离岛免税政策[1]落地实施，立即吸引了大量国内游客前往海南，成为海南国际旅游岛建设具有吸引力的改革举措之一。海口海关统计监测反映，自2011年4月至2013年3月，海南离岛旅客免税购物191万人次，购物金额45亿元；仅2013年第一季度，免税品进口额已接近海南全省进口额的4%，建议海关总署将免税品列入海关统计。

免税品消费群体的变化，彻底改变了其统计属性，消费主体和消费地以本地化为主，与此前相比发生了根本性变化。此外，从货物贸易的镜像特征看，免税品的出口国将其按照普通货物列入对我国的出口统计。以香水为例，2012年，在免税店销售的法国香水进口规模相当于按照普通货物报关进口的67.5%，免税品列入海关统计后，我国与免税品主要原产国的统计数据差异进一步缩小，数据更加协调。

1　经国家批准，海南省设立离岛免税商店，规定年满18周岁的我国公民在海南省乘坐飞机（后扩展到轮船）离岛时可在专门设立的免税店购物，离岛前凭购物单据及机票在机场隔离区提货。岛内居民一年可以购买1次免税品，岛外居民一年2次，每次免税额度不超过8000元，货品数量不多于5件。2012年、2015年与2020年，海南离岛免税政策3次调整，免税品种增至45种，年内免税额度扩大到10万元。

因此，海关总署决定，自2014年1月起，免税品从列入海关单项统计调整为列入进出口货物贸易统计。在海关统计快讯、月刊和年鉴的进出口商品贸易方式总值表中，增列“免税品”的进出口统计数据。

边民互市贸易列入货物贸易统计

边民互市贸易指边境地区边民在边境线20公里以内，经政府批准的开放点或指定的集市上，在不超过规定的金额或数量范围内进行的商品交换活动。

为全方位支持边境地区经济社会发展，国务院出台了一系列面向边境地区的支持鼓励政策。1996年，《国务院关于边境贸易有关问题的通知》明确了边民互市贸易形式，并规定边民通过互市贸易进口的生活用品，每人每日价值在1000元以下的，免征进口关税和进口环节税[1]，超过1000元的，对超出部分按照规定征收进口关税和进口环节税。1998年和2008年，国务院分别将免税额度提高至3000元和8000元。在这些政策的鼓励下，边民互市贸易快速发展。当前，我国所有边境省（区）均批准设立了互市贸易点（区），分布在黑龙江、吉林、辽宁、内蒙古、新疆、广西、云南和西藏的边境线上。

由于边民互市贸易与边境地区的经济社会发展密切相关，各级政府高度重视其在兴边富民中的作用，特别是沿边地区政府部门，亟需相关数据作为决策依据。2015年以前，边民互市贸易不列入进出口货物贸易统计，但各边境海关一直都在探索用各种方式收集相关数据，及时监测边民互市贸易的发展规模与趋势。有的海关通过自行开发的申报系统自动采集商品名称、数量、金额等统计项目；有的海关根据现场监管单证按月对特定申报项目进行手工汇总统计。2013年，南宁海关统计监测反映，该关辖区内的边民互市贸易已有一定规模，具有明显的货物特征，符合货物贸易统计

1　列入边民互市进口商品不予免税清单的除外。

标准，建议将边民互市贸易列入海关统计，以提高海关统计的完整性，全面、客观反映其贸易发展情况以及我国与毗邻国家的贸易平衡状况。

2014年，海关总署综合统计司与南宁、满洲里、昆明、拉萨、哈尔滨和长春海关共同组成课题组，研究全国统一的边民互市贸易统计办法，明确统计原始资料，国别、商品等主要统计项目的统计规则，并规定数据文件从各边境海关传输到海关总署的方法。

2015年，边民互市贸易正式列入进出口货物贸易统计，由各相关海关按统一规则生成数据文件，每月3日前传输至海关总署。2017年起，随着全国海关边民互市贸易信息化管理系统的开发建设，海关总署也相应启动统计自动采集流程设计，不断提高边民互市贸易统计工作的信息化应用水平。

低值快件货物列入货物贸易统计

进出境快件指进出境快件运营人以向客户承诺的快速商业运作方式承揽、承运的进出境货物、物品[1]。改革开放后，我国的国际经贸往来与人文交流日益频繁，对“门到门”国际函件与小包裹跨境物流的时效性要求越来越高。1980年7月，中国邮政依托国际邮政网络，率先开展全球特快专递业务，随后，联邦快递等国际快递企业进入中国市场，发挥其全球速运网络优势，在中国建立区域快件处理中心，承揽跨境快件业务。海关相应建立了监管制度，将进出境快件分为3类：文件类、个人物品类和货物类。其中，文件类进出境快件是指法律、法规规定予以免税且无商业价值的文件、单证、票据及资料；个人物品类进出境快件是指海关法规规定自用、合理数量范围内的进出境的旅客分离运输行李物品、亲友间相互馈赠物品和其他个人物品；货物类进出境快件是指文件类进出境快件和个人物品类进出境快件以外的快件。

1　参见海关总署令第104号。

国际快件业务发展初期，其构成几乎全部为文件与个人物品，不属于海关统计范围。但随着我国对外贸易的快速发展，货样、广告品、应急使用的零配件等货物类进出境快件的份额逐步扩大，将其列入海关统计的必要性日渐增强。2016年6月1日起，为规范对进出境快件的监管，加大信息化技术运用，提高通关效率，方便进出境快件通关，海关总署正式启用新版快件通关管理系统，明确规定文件类、个人物品类和货物类快件分别申报A、B、C类快件报关单。其中，C类快件进一步明确为价值在5000元（不包括运、保、杂费等）及以下的货物，涉及许可证件管制的，需要办理出口退税、出口收汇或者进口付汇的除外。超出此范围的货物，按照普通货物向海关申报。

C类快件报关单与普通货物报关单的格式及申报规则基本一致，商品、国别、贸易方式、运输方式、数量、金额等统计项目齐备，新版快件通关系统上线后，快件数据的及时性、完整性与可靠性与之前相比有很大提升，将货物类快件列入海关统计的技术条件已经成熟。因此，海关总署自2016年6月起，对C类快件实施海关统计。每月从快件通关管理系统中采集结关后的C类快件报关单数据记录，按照同一收发货人、运输方式、监管方式、原产国/目的国、进出境关别、启运国/运抵国、境内目的地/境内货源地、商品编码、币制的规则归并金额与数量，生成数据报文，传输至海关贸易统计综合管理系统，并入全国海关统计数据库后，再反馈至各地海关，用于开展统计分析监测。随后，2016年1—5月，低值货物快件数据也按照上述规则补充进入统计数据库。

定制型软件不再列入货物贸易统计

为促进对外贸易转型升级，推进供给侧结构性改革，加快发展服务贸易，与服务贸易统计相协调，海关总署陆续对通过海关报关进出口的服务贸易项下的商品制定了专门的统计制度。

2000年，为配合执行国家软件出口相关政策，海关在《海关统计商品目录》中增列品目98.03，适用于通过海关报关出口的各类软件的申报与统

计。根据联合国货物贸易统计标准，专为特定用户开发的定制型产品，应当列入服务贸易统计。2012年起，海关调整了品目98.03的适用范围，明确该品目仅用于申报专门针对特定用户的特定需求而开发的出口软件，实施海关单项统计，不再列入海关统计。实际进出境的非定制型出口软件以及进口软件继续按照载体归类并列入海关统计。2021年，品目98.03的适用范围进一步扩大，增加了出口的定制型检测报告、蓝图及类似品，与服务贸易统计范围更加协调。

对保税维修货物实施海关单项统计

根据联合国货物贸易统计标准，以修理为目的的进出境货物，属于服务贸易范畴，不列入货物贸易统计。改革开放后，我国制造业水平不断提升，手机、通信基站、医疗器械等复杂产品逐步走向国际市场，跨境售后服务的需求由此产生。开展出口货物返修业务和第三方检测或维修业务，既是我国企业履行售后服务承诺、实现产业延伸、完善加工配套服务的重要方式，也是企业参与国际分工、赢得国际市场的重要方式。

由于没有专门适用的监管方式，企业大多选择一般贸易、加工贸易申报，既增加了通关成本，又扩大了贸易统计数据。企业对增设专门的保税维修监管方式需求强烈。2013年，经海关总署批准，北京、上海、苏州、深圳及东莞地区的12家企业率先开展保税维修业务试点，进境维修后复运出境的货物，不再按照一般贸易、加工贸易或修理物品申报，而是使用新增设的监管方式“保税维修”（代码1371）申报，实施海关单项统计，不再列入海关统计。

这一政策不仅实际减轻了企业的税负负担，而且使我国货物贸易统计范围与国际标准更加一致。2015年，海关总署发布第59号公告，明确规定保税区、出口加工区、保税物流园区、保税港区、综合保税区、珠澳跨境工业区珠海园区以及中哈霍尔果斯边境合作中心中方配套区等区域内可以开展保税维修。此后，这一贸易业态快速发展起来，自2019年1月1日起推广至全国。

四 公布人民币计价海关统计数据

1980年恢复海关统计时，1980年版《海关统计制度》即规定，海关统计价格以人民币计价，同时另以美元计价。随着我国对外贸易的快速发展，以美元实际成交的进出口贸易越来越多，用美元计价的进出口数据不受汇率波动影响，在开展商品国际价格比较、贸易份额分析、双边经贸关系研究等数据分析时，数据使用者更倾向于使用美元计价的统计数据。海关总署即在海关统计快讯与年鉴中仅公布按美元计价的各类统计报表，在年鉴中公布按照人民币计价的年度总值。

为了进一步提升海关统计服务水平，使海关统计数据直接应用于人民币计价的国内生产总值核算、贸易增加值核算等对外贸易与国内经济相结合的研究与决策，改进我国长期以来以美元值为主导的涉外经济统计格局，健全以本币计价的官方统计，逐步形成政府部门涉外经济统计、核算环节的人民币计价机制，2012年，海关在涉外经济部门中先行启动了以人民币计价海关统计数据公布的准备工作。

海关在公布人民币计价的统计数据方面具有良好的制度及技术基础，2006年版《海关统计工作管理规定》第十七条规定，“进出口货物的价格分别按照美元和人民币统计。进出口货物的价格以其他外币计价的，应当分别按照国家外汇管理部门按月公布的各种外币对美元的折算率以及海关征税适用的中国银行折算价，折算成美元值和人民币值进行统计”。统计人民币价格与统计美元价格均为海关统计项目，编制海关统计资料时，以“超级汇总”方式直接形成统计报表即可。因此，统计数据质量控制机制、统计信息化系统改造等各项准备工作在较短的时间内即顺利完成。

经国务院批准，自公布2013年1月统计数据起，海关增加公布进出口总值、出口总值、进口总值以及贸易差额（出口总值－进口总值）4个总量统计指标以人民币值计价的海关统计数据。为保证数据的历史延续性和国际可比性，仍继续按已公布的范围公布以美元计价的海关统计数据。自2014年

起，海关全面公布以人民币计价的进出口统计数据，并继续保留以美元计价的各种进出口统计数据报表，人民币计价报表在前，美元计价报表在后。在新闻通稿和信息等载体中，保留了以美元计价的进出口总值、出口总值、进口总值和贸易差额4个总量指标的统计值和同比增速。自2015年起，为继续深入推进人民币计价官方统计数据的公布工作，进一步确立人民币计价官方统计数据的权威，规范海关统计数据的公布、使用，海关总署再次发文强调，进一步优化数据公布方式，优先、突出显示以人民币计价的各类数据报表，并进一步明确以人民币计价统计的数据为准，以美元计价统计的数据作为参考，以突出本币及以本币计价的统计数据的重要地位。

由于报告期和基期美元与人民币的折算率是动态变化的，在数据使用中，需要对以人民币和美元计价的增长速度予以特别注意。例如，2020年和2019年同样进口100美元的货物，如果人民币对美元升值，等量美元折算的人民币值将减少；按美元计，则进口规模未发生变化，而按人民币计，则进口规模出现了下降。反之，如果人民币对美元贬值，等量美元折算的人民币值会增加，以人民币计价的进口规模就会增长。

五 跨境电子商务统计制度探索

2010年以来，随着经济全球化和互联网的普及，我国跨境电子商务快速发展，已经形成了一定的产业集群和交易规模。支持跨境电子商务发展，有利于中国利用“互联网+外贸”实现优进优出，发挥制造业大国优势，也是创业创新和对外贸易转型升级的重要手段。

跨境电子商务[1]的统计属性之争

为落实国家“十二五”规划纲要关于积极发展电子商务的部署，2012

1 海关统计的对象为有形实物，本书中的“跨境电子商务”仅涉及进出境货物及物品，不涉及通过互联网等信息网络提供的服务。

年12月19日，由国家发展和改革委员会与海关总署共同开展的国家跨境贸易电子商务服务试点工作会议在郑州召开，标志着跨境贸易电子商务服务试点工作的全面启动。上海、重庆、杭州、宁波、郑州成为第一批试点城市。之后，国务院及国家有关部门纷纷出台支持政策，跨境电子商务发展更加迅猛。

2015年6月，国务院办公厅印发了《关于促进跨境电子商务健康快速发展的指导意见》，该指导意见包括支持国内企业更好地利用电子商务开展对外贸易、优化配套的海关监管措施、完善检验检疫监管政策措施等12个方面。虽然跨境电子商务发展较快，但行业整体仍处于发展初期，2018年出台的《中华人民共和国电子商务法》也仅对促进跨境电子商务作出了原则性规定。在发展之初，跨境电子商务零售进出境商品按照个人物品监管，征收行邮税，由此引发了关于其统计属性的争议。

争论的焦点在于是否对其实施海关统计。有观点认为，由于跨境电子商务进出境商品按照个人物品监管，属于《海关法》《海关统计条例》中的个人物品范畴，所以不列入海关统计。而海关统计部门坚持认为，跨境电子商务零售实质是国际贸易碎片化的体现，货物从商家直接跨境送达消费者手中，省去了传统贸易的中间环节，仍然是一种符合货物特征的跨境贸易，应当对其实施海关统计。对跨境电子商务开展统计监测与分析，不仅有利于促进海关合法合规监管，还有利于国家有关部门对产业发展状况进行分析研判，具有重要意义。

海关跨境电子商务管理平台统计

2014年，为了贯彻落实国家关于跨境电子商务新业态发展的部署，执行跨境电子商务零售进出口的系列政策[1]，便利企业通关，规范海关管理，实现贸易统计，在前期充分调研，兼顾各方需求的基础上，海关总署发布

1 如针对限值以内跨境电子商务零售进口清单商品实施优惠税率，关税税率暂定为0%，进口环节增值税、消费税取消免征税额，暂按法定应纳税额的70%征收。

公告，增列监管方式“跨境贸易电子商务”（即跨境直购，代码9610）和“保税跨境贸易电子商务”（即网购保税，代码1210），用于跨境电子商务零售进出口货物向海关申报，并对跨境直购出口货物实施“清单核放、汇总申报”通关模式。即，跨境电子商务企业或平台将电子订单、支付凭证、电子运单等传输给海关，跨境电子商务企业或其代理人向海关提交申报清单，海关核对清单与上述“三单”信息，核对通过的即予放行。电子商务企业或其代理人每月15日前，将上月结关的申报清单按照同一收发货人、运输方式、运抵国、出境关别、最终目的国、商品编码、币制的规则归并金额与数量，汇总形成跨境直购出口报关单向海关申报。汇总申报的目的是便于企业办理退税等手续，并有利于海关从报关单数据库中直接采集上述监管方式的数据记录，用于编制跨境电子商务进出口统计。2016年，海关总署继续增列监管方式“保税跨境贸易电子商务A”（即网购保税A，代码1239）[1]。

2016年3月，中国（杭州）跨境电子商务综合试验区成立。为了给予企业更大便利，杭州海关率先试点跨境电子商务零售出口货物“清单核放、汇总统计”通关模式。对于不涉及出口征税、出口退税、许可证件管理并且金额在5000元以内的跨境电子商务零售出口货物，海关不再要求企业按月将清单汇总申报报关单，进一步减轻了企业的申报负担。此外，海关还允许企业在清单中按照4位数商品编码申报，降低归类申报难度。试点启动第一周，杭州海关即验放“清单核放、汇总统计”跨境电子商务零售出口货物近300万票，货值1.2亿元，取得了良好的试点成效。

统计方法的改变是此次监管制度创新的标志性内容，海关总署及时确立了与“清单核放、汇总统计”模式相适应的统计办法，将在各地跨境电子商务出口通关平台上申报的出口清单按照上述归并规则生成统计数据文

1　监管方式“网购保税”与“网购保税A”的区别在于适用范围，前者仅适用于跨境电子商务综合试验区企业，享受与综合试验区相配套的政策便利。随着综合试验区范围日益扩大，按照“网购保税A”进出口的跨境电子商务货物逐步减少。

件，由各直属海关统计部门传输至海关贸易统计综合管理系统，实现“清单直统”，并在《海关统计商品目录》中增列品目98.04“低值简易通关商品”，用于统计归类简化申报的跨境电子商务出口零售货物。

2016年起，国务院逐步扩大综合试验区试点城市范围，“简化申报、清单核放、汇总统计”成为海关出台的10项综合试验区可复制、可推广的便利措施之一。2016年和2018年，海关跨境电子商务进口统一版信息化系统和出口统一版信息化系统先后上线，原地方版通关平台同步取消，海关对跨境电子商务零售进出口的监管更趋规范统一，清单数据采集也全部切换到统一版信息化系统。统计数据传输模式从“自下而上”切换为“自上而下”，各综合试验区所在地海关不再需要形成本地清单统计文件上报海关总署，而是由海关总署直接从统一版信息化系统中采集清单数据，归并生成报文，传输至海关贸易统计综合管理系统，并入全国海关统计数据库后，再反馈至各地海关，用于开展统计分析监测。对于“清单核放、汇总统计”通关模式之外的跨境电子商务进出口货物，海关仍然通过上述3种监管方式采集报关单数据作为统计原始资料。

2018年2月，在北京举行的世界海关跨境电子商务大会上，海关总署首次公布了按照上述3种监管方式统计的跨境电子商务进出口数据，合称“海关跨境电子商务管理平台统计”。2017年通过海关跨境电子商务管理平台进出口的货物近900亿元，2019年已超过1860亿元，增长1倍多。

随着跨境电子商务新业态的蓬勃发展，越来越多的企业在境外设立海外仓或采用亚马逊FBA仓[1]模式批量出口，仅用于跨境电子商务零售进出口的上述监管方式已经不能满足企业的通关需求。2020年6月，海关总署发布《关于开展跨境电子商务企业对企业出口监管试点的公告》，增列监管方式“跨境电子商务企业对企业直接出口”（代码9710）和“跨境电子商务出口海外仓（代码9810）”，将对跨境电子商务进出口的规范监管从

1　即Fulfillment by Amazon的首字母组合，指由亚马逊提供的跨境电子商务物流服务，包括出口或进口清关、拣货、包装、终端配送等。

B2C[1]领域延伸至B2B领域，列入海关跨境电子商务管理平台统计的监管方式也从3个扩大到5个。

2020年10月13日，海关总署在国务院新闻发布会上公布，2020年前三季度，通过海关跨境电子商务管理平台进出口的货物1873.9亿元，同比增长52.8%。

跨境电子商务全业态统计的概念和定义

海关总署以及杭州海关和广州海关的跨境电子商务产业调研均显示，按照跨境直购、网购保税等监管方式申报进出口的只是一部分跨境电子商务货物，仍有部分跨境电子商务货物按照一般贸易等监管方式向海关申报，还有的通过邮快件等渠道按个人物品进出境，既未按照货物报关，也未通过跨境电子商务进口或出口统一版信息化系统清关，海关未对其实施货物贸易统计。从复杂的跨境电子商务业态及通关模式来看，以特定监管方式为标准编制的跨境电子商务管理平台进出口统计与业态实际存在差距，不能满足跨境电子商务发展的需求，需要编制包含各种进出境模式的全业态统计，建立健全相应的统计制度。

构建跨境电子商务全业态统计制度，首先必须要明确统计范围，即跨境电子商务的概念和定义。由于跨境电子商务对世界各国和地区而言均为新生事物，虽然发展迅速，但国际上并无相关统计先例可循，甚至没有统一、明确的定义。

联合国国际贸易法委员会、世界贸易组织、经济合作与发展组织（Organization for Economic Co-operation and Development，OECD）等对跨境电子商务提出了一些基本元素特征，如应用信息通信技术，运用互联网进行沟通和发起交易，货物从一个经济体跨境流动到另一个经济体以及电子支付等。其中，OECD提出电子商务是指通过专门为接收或下达订单而设

---

1 B2C是Business to Customer的缩写，指商家对顾客；B2B是Business to Business的缩写，指商家对商家。这是跨境电子商务的两种主要模式。

计的计算机网络，在线进行商品或服务的销售或购买活动，但商品或服务的付款和最终交付不必在线进行。

世界海关组织一直高度关注跨境电子商务的发展对各国海关通关模式及其他政府管理的影响，2016年专门成立了跨境电子商务工作组，研究海关应对方案，以确保跨境电子商务通关便利化与合规性。2017年10月，中国海关接替澳大利亚海关，成为世界海关组织跨境电子商务工作组主席，牵头起草《世界海关组织跨境电子商务标准框架》(*WCO Cross-Border E-Commerce Framework of Standards*，以下简称《标准框架》)，中国海关专门选派统计专家，负责其中测量与分析工作分组的具体任务。《标准框架》吸收了来自海关、其他政府部门、国际组织、产业界、学术界等多方面与跨境电子商务相关的专家经验与意见，并注重与其他国际标准与规则相衔接，于2018年6月正式发布。

《标准框架》规定跨境电子商务应具有以下特征：网上订购、销售；跨境交易/运输；实际（有形）货物；最终送达消费者/购买者（商业和非商业）。《标准框架》主要适用于B2C和C2C[1]交易，鼓励成员将相同的原则和标准应用于B2B交易。《标准框架》指出，海关应和相关政府部门一起与电子商务利益相关方密切合作，根据国际统计标准和国家政策，准确获取、测量、分析和公布跨境电子商务统计数据，以便利科学决策。

《标准框架》对跨境电子商务属性的描述充分借鉴了中国海关在跨境电子商务全业态统计工作中的经验。2017年年初，海关总署与国家有关部委讨论开展跨境电子商务全业态进出口货物统计方案时，初步限定可纳入跨境电子商务统计范围的货物应具有以下四个特征：交易在中华人民共和国关境内与境外的企业或个人之间开展；订单通过互联网平台形成；货物通过各类跨境物流渠道已送达；支付已完成（可网上进行，也可在网下进行）。这4个特征既反映了国际货物贸易统计的基本要求，即

1　C2C是Customer to Customer的缩写，指顾客对顾客。

跨境与改变境内物质资料存量，又反映了电子商务"在线成交"这一核心特征。此后，海关总署对海关跨境电子商务统计标准又作了微调，以适应跨境电子商务业态中各种灵活的支付安排，不再强调"支付已完成"，进一步突出"在线成交"，将其作为判断列入海关统计范围的跨境贸易是否为跨境电子商务的唯一识别标准。除按照跨境直购等5种监管方式申报的进出口货物外，按照一般贸易等监管方式报关的普通货物，以及通过邮件或者快件渠道进出境的包裹，只要满足上述标准，均列入海关跨境电子商务全业态统计。2017年以来，海关总署按照上述标准开展了多次跨境电子商务统计试点调查，在实践中不断完善统计方法[1]，数据质量不断提高。

六 自由贸易试验区的统计实践

1990年4月18日，党中央、国务院宣布开发开放上海浦东。我国第一个海关特殊监管区域——上海外高桥保税区设立，浦东开始成为连接国内外商贸的关键节点。此后，浦东对外贸易的快速发展带动设立了更多海关特殊监管区域，2004年、2005年及2010年，外高桥保税物流园区、洋山保税港区和上海浦东机场综合保税区先后设立。海关也建立了以区内注册企业为统计口径的海关特殊监管区域统计制度，通过识别10位数海关编码的前5位，对各个海关特殊监管区域的进出口情况进行分组统计[2]。

2013年3月底，国务院总理李克强在上海调研期间，鼓励支持上海积极探索，在上述4个海关特殊监管区域共28.78平方公里的土地上，建立一个自由贸易试验区（以下简称自贸区），进一步扩大开放，推动完善开放型经济体制机制。同年9月29日，中国（上海）自由贸易试验区（以下简称上海自贸区）成立，拉开了我国新一轮开发开放战略的序幕。海关在以

1　参见第六章"跨境电子商务统计制度走向成熟"。

2　参见第三章"五　经营单位实现一企一码，经济区划和企业类型统计更加完善"。

区内注册企业为口径编制上述4个特殊监管区域进出口数据的基础上，合并编制上海自贸区进出口数据，向党中央、国务院和社会各界及时反映上海自贸区的进出口情况。

2014年12月28日，全国人大常务委员会授权国务院扩展上海自贸区区域，增加金桥出口加工区、张江高科技园区和陆家嘴金融贸易区3个片区，上海自贸区的片区数扩大到7个，面积扩展到120.72平方公里。其中，张江高科技园区和陆家嘴金融贸易区位于浦东的各个海关特殊监管区域之外，区内企业海关注册编码的前5位与浦东其他企业一致，海关无法再直接通过企业编码判断企业是否为自贸区企业。如何实现对扩区后的上海自贸区实施准确统计，成为海关统计部门迫切需要解决的问题。

自贸区的发展超越了海关统计的既有经验，对传统的海关统计方法提出了全新的挑战。为了向党中央、国务院和各级政府部门提供准确及时的进出口统计数据，做好数据服务和决策支持工作，海关开始了对特定贸易区域的统计制度创新，在现有统计项目的基础上，研究增设新的统计指标，全方位、多维度反映进出口企业的区域属性。

2015年起，海关总署专门为自贸区内注册企业新增设立“特殊贸易区域代码”。该代码由阿拉伯数字和大写英文字母组成，采用5层8位层次码结构，前4位与10位数海关编码的前4位代码一致；第5位为F，代表自贸区；第6位为高新区或经开区代码；第7位为海关特殊监管区域类型代码；第8位为片区顺序号。

与反映地区属性的5位数海关国内地区代码相比，新增设的特殊贸易区域代码的前4位未作调整，重点在于将目前1位数的经济区划分类拓展至3位数，是现有指标的细化，一定程度上解决了区域经济发展中不断叠加而口径嵌套的问题。新的代码可向前追溯，衔接历史资料；可向后延伸，适应未来发展；还可内部解构，适应不同角度的应用需求。在海关进出口企业信用管理系统中，海关为每个自贸区企业都标识了特殊贸易区域代码，以该代码为口径编制自贸区的进出口数据，精准统计到区内所辖的各个片区、海关特殊监管区域、国家级经济技术开发区、高新技术产业开发区。

2014年12月—2020年8月，国家先后5次批准设立自贸区，广东、天津、福建、辽宁、浙江、河南、湖北、重庆、四川、陕西、海南、山东、江苏、广西、河北、云南、黑龙江、北京、湖南、安徽成为设有自贸区的省份，并再次扩大上海自贸区及浙江自贸区的面积，形成了从沿海到内陆，自北向南、由东至西的自贸区开放发展新布局，推动形成了我国新一轮全面开放格局。在上海自贸区发端的自贸区海关统计制度，也随之复制、推广、应用到其他各个自贸区。2019年，为自贸区注册企业设立的特殊贸易区域代码升级为“海关统计经济区划代码”，作为海关总署自行复制的改革试点经验，开始在全国推广，逐步应用于每一家进出口企业。自贸区的统计实践为接下来的海关地区统计制度方法创新积累了宝贵的经验。

七 品牌统计制度的建立

品牌是企业和国家核心竞争力的综合体现。2014年5月10日，习近平总书记提出“推动中国制造向中国创造转变、中国速度向中国质量转变、中国产品向中国品牌转变”。2016年6月10日，国务院办公厅发布《关于发挥品牌引领作用推动供需结构升级的意见》，强调品牌在经济社会发展中的战略地位，提出充分发挥品牌引领作用，积极支持自主品牌发展。

改革开放以来，我国已经逐步成为制造业大国和世界第二大经济体，在2009年成为世界第一出口大国，工业制成品在出口中的占比从1985年的49.4%跃升至2015年的95.4%。在对外贸易领域培育中国自主品牌，提升出口产品品质，实现产品价值链升级，是推进贸易强国建设、培育外贸竞争新优势、由规模速度型向质量效率型转变的重要举措。

为使海关统计数据更好地服务于国家品牌建设，准确反映自主品牌在出口中的占比，从国别、商品、出口企业类型等角度分析我国品牌的发展潜力，找准出口品牌培育的着力点，2015年起，海关总署会同商务部启动增列品牌类型统计项目的研究工作，按照可操作、可实施、可落地的原则，广泛开展调研，不断优化方案，科学设置品牌分类。鉴于品牌在产品竞争力分析中的重要作用，海关总署在研究设立品牌类型统计项目时，不仅限于出口货物，还包括进口货物；不仅限于列入贸易统计的“一线”进出境货物，还包括实施海关单项统计的“二线”进出口货物等；不仅限于自主品牌，还包括贴牌生产等其他情形。

经过近3年的努力，“品牌类型”作为报关单必填项目于2018年1月1日起正式实施。进出口收发货人在向海关申报时，必须在商品规格型号栏目中选择“品牌类型”[1]，包括：“无品牌”（代码0）、“境内自主品牌”（代码1）、“境内收购品牌”（代码2）、“境外品牌（贴牌生产）”（代码3）、“境外品牌（其他）”（代码4）。其中，“境内自主品牌”是指由境内企业自主开发、拥有自主知识产权的品牌；“境内收购品牌”是指境内企业收购的原境外品牌；“境外品牌（贴牌生产）”是指境内企业代工贴牌生产中使用的境外品牌；“境外品牌（其他）”是指除代工贴牌生产以外使用的境外品牌。上述品牌类型中，除“境外品牌（贴牌生产）”仅用于出口外，其他类型均可用于进口和出口。为便于企业准确理解品牌类型的含义，海关统计人员及时收集企业在申报中反映的问题，通过海关12360微信公众号等渠道发布政策解读，指导企业正确申报货物的品牌信息，从源头保证海关统计数据质量。

海关品牌统计制度的建立，不仅有利于及时、全面收集进出口货物的

1 也称“品牌类别”。“品牌类型”和“品牌”虽然都填在报关单的规格型号栏目下，但两者是完全不同的指标。其中，“品牌类型”为所有商品的必填项目，只能按照5个选项对应的数字代码申报，反映的是品牌的大类属性，主要用于编制品牌进出口统计资料，为准确研判外贸形势、找准品牌建设的着力点提供数据支持；而规范申报目录中的“品牌”要素仅适用于部分商品，申报时必须申报具体的品牌名称，反映的是进出口商品实际所采用的品牌信息，主要用于海关估价和知识产权保护。

品牌信息、编制海关统计资料，便于政府有关部门全面、详细地了解进出口货物品牌情况，引导企业加强品牌建设工作，也是海关统计制度方法的一次重大改革创新。这是继1985年增列“收、发货单位所在地”[1]以来，第二次为实现统计目的而增列新的报关单申报内容，反映出海关总署对统计工作的高度重视，更体现了海关统计数据在推进国家治理体系和治理能力现代化、建立健全“用数据说话、用数据决策、用数据管理、用数据创新”的管理体制中所发挥的重要作用。

八 应对系统性数据质量风险的实践与成效

中国共产党第十八次全国代表大会以来，在以习近平同志为核心的党中央的坚强领导下，统计事业取得长足进步，统计数据质量明显提高。海关统计是国民经济统计的重要组成部分，是国家制定对外贸易政策、实施宏观调控以及保证海关严密高效管理的重要依据。真实、准确、完整、及时的海关统计数据有利于各级政府作出正确、及时的决策，有利于宏观经济健康发展；系统性的数据质量风险则会干扰宏观经济决策，进而恶化对外贸易环境，影响国家经济安全。

自2012年年底开始，套汇贸易、套利贸易等非正常贸易抬头，不法企业通过贸易渠道实现资金跨境流动，直接反映为个别商品、个别地区进出口统计数据出现大幅增长，不仅影响了国家对经济贸易形势的研判和决策，更损害了海关统计的权威性和政府公信力，成为破坏外贸提质增效的一大隐患。面对恢复海关统计以来最严重的危机和最严峻的挑战，海关统计人继承党的优良传统，牢记初心使命，坚守数据质量生命线，发扬斗争精神，打好防范与化解重大风险攻坚战，以最坚定的信念、最严格的措施维护统计数据的真实和准确，坚决抵制在统计原始资料端产

1 即境内目的地、境内货源地，参见第三章“统计项目增设收、发货单位所在地”。

▲ 图5-4 海关统计人员加强对重点数据的监控，防范统计数据质量风险

生的虚假行为，迅速制定了各项制度和规范，常态化、系统化开展相关工作。

统计部门不断加强数据审核力度、完善统计数据宏观预警机制（见图5-4）。各级海关统计部门深入开展数据挖掘及统计分析，海关总署综合统计司组建了宏观监控小组，开展对总体数据质量的宏观监控，提升综合审核效能，并成立专家审核团队，通过统计专业化审核加强对重点数据的监控，将专家工作经验转化成实际工作成效。对在各种审核监控中发现的异常情况开展深度核查，加强对套利套汇贸易等突出问题的重点监控，在海关系统内部强化统计、关税、监管、加贸、稽查和缉私等部门相互之间的联合调查和综合管控。加强与地方商务主管部门、银行、外汇管理等部门的联系配合，通过开展联防联控，形成防控整体合力，海关与地方政府及相关部门的综合治理能力不断得到强化。

2016年以来，习近平总书记多次就提高统计数据质量、坚决防范和惩治统计造假、弄虚作假作出重要指示批示。杜绝统计造假、弄虚作假，根本出路在深化统计管理体制改革。2016年12月，中央印发《关于深化统计管理体制改革提高统计数据真实性的意见》，明确提出健全统一领导、分级负责的统计管理体制，健全统计数据质量责任制，依纪依法惩处弄虚作假，确保统计机构和统计人员独立调查、独立报告、独立监督职权不受侵犯。2017年9月，中央印发《统计违纪违法责任人处分处理建议办法》，进一步明确对领导人员，统计机构及有关部门责任人员、统计调查对象、统计检查对象等违纪违法行为的认定。2018年8月，中央印发《防范和惩治统计造假、弄虚作假督察工作规定》，要求

国家统计局组织开展统计督察，监督检查各地区、各部门贯彻执行党中央、国务院关于统计工作的决策部署和要求、统计法律法规、国家统计政令等情况。

海关总署坚决贯彻习近平总书记关于统计工作的重要讲话和重要指示批示精神，落实党中央、国务院关于防范和惩治统计造假、弄虚作假的决策部署，完善统计管理体制，深化统计法治建设，把从严治党贯穿于统计工作始终，严肃查处申报不实等各类影响统计数据质量的行为，建立维护海关统计数据真实准确的工作责任制，形成了对系统性数据风险的综合管控机制。特别是为遏制资本异常流动和打击出口骗退税作出不懈努力，形成了对申报不实等弄虚作假行为的高压合围和强力震慑，并对涉及违法犯罪活动展开了有效打击。如2017年5月，海口海关联合有关单位破获一起通过“道具”贸易骗取出口退税款等的特大案件，该案涉嫌骗取相关款项共2.35亿元。2020年4月，深圳海关联合有关单位开展打击黄金走私及骗取出口退税专项行动，破获的大案涉嫌走私、骗取国家退税，总案值达22.48亿元。通过对一系列违法犯罪活动的沉重打击，海关不辱时代使命，不负国家和人民的期望，为维护国家正常进出口贸易秩序和国家经济安全作出了积极的贡献。

九 统计专项调查的初期探索

中国共产党第十八次全国代表大会以来，以习近平同志为核心的党中央高度重视调查研究工作，先后多次就大兴调查研究之风明确提出要求，中央八项规定把“改进调查研究”摆在第一位。习近平总书记指出，调查研究是谋事之基、成事之道。没有调查，就没有发言权，更没有决策权。推进党和国家事业发展，必须大兴调查研究之风，在调查研究上下真功夫、苦功夫，推动中央各项决策部署落地生根。新形势、新任务都对海关统计工作提出新要求。

自2012年起，海关统计部门便开始探索在依据行政记录一笔笔相加、依靠报关单一票票汇总的海关传统统计手段之外，运用统计调查的方法采集统计原始资料，编制党和国家迫切需要但行政记录无法满足的统计数据，提升海关统计的信息支撑能力，更好地服务于国家宏观经济决策和经济社会发展。

中国外贸出口先导指数调查

2011年是我国加入世界贸易组织的第十年，十年间我国货物贸易出口年均增长21.7%。我国出口占全球总出口的比重从2001年的4.3%提高至2011年的10.4%。我国经济与世界经济融合程度不断提升，经济运行趋势和外贸走势成为各方关注的焦点。建立一套科学有效的出口先导指标体系，有助于决策部门准确研判外贸发展趋势，增加宏观调控的预见性、前瞻性和针对性，对于保持经济贸易平稳发展，维护社会和谐稳定具有重要意义。而当时国内与对外贸易相关的先导指标只有中国制造业采购经理人指数体系（PMI）中的1个单项指标——新出口订单指数[1]，缺乏用于指导预判出口走势的综合性先导指标体系。

为加强对外贸运行趋势的科学预测，海关总署自2012年6月起开展外贸出口先导指数月度统计试点调查，通过抽样调查获取出口企业订单、信心、成本的变动情况，编制“出口新增订单指数”“出口经理人信心指数”“出口企业综合成本变动指数”后，再与加工贸易进口、外商直接投资、制造业采购经理人指数等宏观指标进行统计合成，编制中国外贸出口先导指数。

试点调查显示，中国外贸出口先导指数与月度出口实际增速的拟合程度较好，对未来二至三个月的出口变化趋势和幅度有较为可靠的预判效果，填补了中国外贸统计综合性先导指标领域的空白。2013年3月，出口先导指数的编制方案通过了来自国家发展和改革委员会、商务部、中国人

1　该指标由国家统计局和中国物流与采购联合会联合按月编制发布。

民大学、中国社会科学院等机构的十多位专家评审，于2014年4月起正式对外公布。海关在外贸分析报告中运用出口先导指数及网络问卷调查结果，对外贸走势进行分析预判，并在新闻发布会上向社会公布出口先导指数数据并解读分析，受到国家宏观经济管理部门、国内国际研究机构和社会各界广泛关注，取得了良好的效果。

2019年，中国外贸出口先导指数调查制度获得国家统计局批准，正式纳入国家官方统计调查体系。同年，海关总署制定中国外贸出口先导指数调查作业规范，对样本企业选取、企业填报培训、月度问卷审核等各个环节明确作业要求，确保调查数据质量，并开发海关统计专项调查调研系统，进一步便利企业填报调查表及后续数据分析工作（见图5-5）。

▲ 图5-5　海关为外贸出口先导指数样本企业颁发证书

进口货物使用去向调查

随着经济全球化的迅速发展和生产格局的演变，一个商品的生产不再由一个国家或地区全部完成，而是在跨国公司的主导下，以产业内垂直分工的形式划分多阶段任务，经过多个国家或地区共同完成，贸易模式已由“货物贸易”转变为“任务贸易”。改革开放以来，中国对外贸易特别是加工贸易的高速发展正是这一模式转变的见证。

一国和贸易伙伴间产品结构的不同，参与贸易产品的增值率不同，给双方带来的利益也出现较大差异，因此，各国在全球贸易中的增加值含量及全球价值链研究逐渐成为学界、政府和国际机构等关注的焦点。2011年6月，世界贸易组织时任总干事拉米建议，应以进出口贸易中的各国国内增加值的变化作为衡量贸易规模和贸易利益的标准[1]。

根据联合国国际货物贸易统计标准，世界上绝大多数国家和地区对货物贸易实施全值统计，即统计进口或出口货物的全部价值，而不是仅仅统计增值部分。全值统计能够反映进出口货物的总体规模和流向，但不能准确反映产品在不同国家不同生产环节的实际增值情况，因而无法客观反映贸易参与方获利的情况。改革开放以来，中国在全球贸易中的占比不断扩大，面对的贸易摩擦与争端也越来越多，如何建立并运用权威的官方统计资料和数据，消除与贸易伙伴间不必要的误解，在贸易谈判中争取更大的国家和企业利益，成为迫切需要解决的问题。

2012年5月，海关总署与商务部、国家统计局、国家外汇管理局、中国科学院共同开展贸易增加值核算的专项研究。其中，海关除提供按全值统计的数据外，还配合国家统计局开展进口货物使用去向调查，为编制中国非竞争型投入产出表、核算贸易增加值提供必要的关键性资料。2012年开展了首次试点调查，面向1349家主要进口企业了解其2010年进口货物的国内使用去向，之后根据全国投入产出调查工作的总体部署开展调查，并纳入国家投入产出调查体系。进口货物使用去向调查采用重点调查和行政记录相结合的综合调查方法收集有关数据资料。海关总署综合统计司与南京海关等组成海关工作组，会同国家统计局核算司制定调查工作方案。重点调查的样本企业由海关总署筛选确定，分一般货物和保税物流货物两大类，发放不同表式的调查问卷。加工贸易进口货物使用去向则采用报关单、加工贸易监管数据等直接进行核算。调查及核算结果用于国家统计局编制非竞争型投入产出表，进而开展贸易增加值核算与分析。

1 WTO | 2011 News items-Lamy suggests “trade in value-added” as a better measurement of world trade。值得注意的是，在早期的中文相关报道中，“Measuring Trade in Value-Added”被直接翻译为“贸易增加值统计”，之后根据其编制方法调整为“贸易增加值核算”并沿用至今。

贸易增加值核算显示，与总值统计相比，2018年以增加值衡量的中美贸易顺差、中欧贸易顺差、中印贸易顺差、中韩贸易逆差均大幅下降，其中中美贸易顺差下降幅度高达39%[1]。目前，进口货物使用去向调查已成为国家投入产出调查的重要组成部分，在客观评价贸易的真实状况、贸易谈判中争取主动、为国家制定贸易政策提供准确信息等方面发挥重要作用，也是官方统计工作中跨部门深度协作配合的典范。

1 《全球价值链与中国贸易增加值核算研究报告（2018）》，http：//images.mofcom.gov.cn/zys/202101/20210126142050237.pdf。

第六章
新海关引领海关统计制度进入新阶段（2018年至今）

2018年是全面贯彻中国共产党第十九次全国代表大会精神的开局之年，是决胜全面建成小康社会、实施“十三五”规划承上启下的关键之年，也是改革开放40周年。在新的历史起点上，以习近平同志为核心的党中央提出坚持稳中求进工作总基调，统筹推进“五位一体”总体布局，协调推进“四个全面”战略布局。

2018年4月，习近平总书记在博鳌亚洲论坛上宣布大幅度放宽市场准入，创造更有吸引力的投资环境，加强知识产权保护，主动扩大进口。同年11月，首届中国国际进口博览会成功举办。2019年3月，《中华人民共和国外商投资法》颁布，同年8月，上海自贸区临港新片区成立。一系列对外开放的重大举措，推动形成全面开放新格局，对外贸易稳健前行。党的十九届五中全会作出推进统计现代化改革的重要部署，进一步明确了统计事业改革发展的前进方向。在全面建设社会主义现代化国家的新征程中，需要更好地发挥统计在了解国情、把握国势、制定国策、促进发展中的重要作用。

中国海关立足新发展阶段，贯彻新发展理念、构建新发展格局，全面深化政治建关、改革强关、依法把关、科技兴关、从严治关。海关统计制度进入发展快车道，跨境电子商务统计全球领先，海关统计调查项目全面融入国家统计调查管理体系，统计资料采集机制更具韧性，统计标准化建设取得新突破，以用户为中心提供更加优质的海关统计服务，在培育对外贸易新业态、促进高水平对外开放和外贸高质量发展、抗击新冠肺炎（COVID-19）疫情等各领域为党中央、国务院和社会各界提供了丰富的海关统计信息，充分发挥了海关统计的服务监督作用。

一 新海关为统计制度方法的创新发展带来新机遇

2018年2月，党的十九届三中全会审议通过《中共中央关于深化党和国家机构改革的决定》和《深化党和国家机构改革方案》，从完善党的全面领导的制度、优化政府机构设置和职能配置、统筹党政军群机构改革、合理设置地方机构、推进机构编制法定化5个方面进行了整体部署，是对党和国家组织机构和管理体制的一次系统性、整体性重构。国家出入境检验检疫管理职责和队伍在这次改革中划入海关。机构改革后，新海关的职责更宽广，队伍更壮大，海关事业进入崭新的发展阶段。

关检全面融合之统一申报单证改革

2018年4月20日，原出入境检验检疫系统统一以海关名义对外开展工作，新海关正式亮相。统一申报单证改革，即整合申报项目，将原报关单和原报检单合并为一张报关单申报，成为海关贯彻落实《深化党和国家机构改革方案》、实施关检全面融合“五个统一”[1]的第一个项目，也是需求最迫切、难度最大、社会影响最广泛的一项艰巨任务。

进出口报关单在海关各项业务管理中处于核心地位，也是最重要的海关统计原始资料。整合申报项目能否成功，直接关乎其他关检融合改革项目的后续推进，是检验海关是否能够全面贯彻中央关于深化党和国家机构改革部署的重要标志（见图6-1）。当时，中央机构编制委员会办公室对新海关的主要职责、内设机构和人员编制等尚未作出规定，原报关和原报检所涉及的多个信息化作业系统还在同时运行，海关总署在全国海关迅速抽调统计、通关、科技业务骨干，组建整合申报攻关小组，对原报关单和原报检单申报项目进行全面梳理和优化整合。海关统计部

---

1 即检验检疫作业全面融入全国通关一体化整体框架和流程，实行“统一申报单证、统一作业系统、统一风险研判、统一指令下达、统一现场执法”。

门勇担重任，充分发挥海关统计近40年来在统计项目设计、数据代码化以及信息化系统应用等领域积累的丰富经验和专业优势，成为攻关小组的业务牵头部门。

▲ 图6−1　2018年7月，海关召开报关单整合申报项目企业宣讲会

攻关小组遵循全面融合与平稳过渡相结合、强化监管与简化手续相结合、维护安全与促进便利相结合、防范风险与提升获得感相结合的指导思想，广泛征求部委、报关协会、报关企业和进出口收发货人等各相关方意见，参照国际标准，尊重行业惯例，按照“依法依规、去繁就简”的原则，通过合并共有项、删除极少使用项、保留必备项，在原报关单48个栏目的基础上，增加原报检单中的境外收发货人、启运港等内容，形成了具有56个栏目的新版报关单。新版报关单的申报数据项目从原报关单、原报检单合计的229个精简到105个，压缩率超过50%。

新版报关单的105个申报数据项目中，原产国/目的国、指运港、币制、运输方式、监管方式、境内目的地/境内货源地、包装种类、集装箱规格8个项目为原报关单和原报检单共有申报项目，但代码分类存在不同程度的差异。如原报关单国别代码采用海关统计3位数字代码，而原报检单则采用国家标准化管理委员会以国际标准化组织的国别代码为基础编

制的3位数字代码[1]。经过反复讨论，从满足管理需求和兼顾未来发展的角度，攻关小组最终确定了上述8个申报项目的代码规则。其中，境内目的地/境内货源地保留两套代码，用于不同的业务场景；运输方式和监管方式以原报关代码为基础整合；包装种类和集装箱规格以原报检代码为基础整合；国别、币制以及港口代码以国家标准为基础整合。但为避免报关员因工作惯性而出现录入差错，影响海关统计原始资料的准确性，国别代码不再采用数字代码，而是采用3位字母代码，通过对照表的方式与海关统计历史数据衔接[2]。

此外，为进一步促进贸易便利化，优化营商环境，海关整合申报改革还简化、合并了报关单随附单证与监管证件。其中，随附单证由原报关、报检共74项合并简化为10项，监管证件由102项合并简化为64项。

2018年8月1日，新版报关单正式启用，原报关单和原报检单同时停止使用。报关员通过“互联网+海关”、国际贸易“单一窗口”向海关申报新版报关单内容，申报项目、参数代码、随附单据等都进行了调整，新版报关单填制规范也同步推出。整合申报项目实现了“四个一”的改革既定目标，即“一张报关单、一套随附单证、一组参数代码、一个申报系统”，得到社会各界广泛关注和充分肯定，为全面完成关检融合后续各项改革任务探索了方法，为提升新海关强化监管、优化服务的能力奠定了坚实基础。

新版报关单的施行也为继续丰富海关统计的数据来源、拓展统计项目体系创造了有利条件，在申报数据项目代码梳理整合过程中的探索为后来海关统计代码标准化工作积累了宝贵的实践经验。

---

1 《世界各国和地区名称代码》（*Codes for the Representation of Names of Countries and Regions*）（GB/T 2659—2000），等效采用ISO 3166标准。该标准提供了国家代码的3种表现方式，即两位字母代码、3位字母代码及3位数字代码。以中国为例，国家标准代码分别为CN、CHN、156；而在海关统计国别代码中为142。

2 对照表在海关门户网站公开，参见http：//www.customs.gov.cn/customs/302427/302442/tgcs/gjrhbftgcscxjxz/index.html。

海关统计专项调查[1]工作体系正式确立

党的十九届五中全会从党和国家事业全局的高度出发，明确提出推进统计现代化改革，为"十四五"时期统计事业接续发展擘画了新蓝图、标定了新坐标。其中，加快建设与国家治理体系和治理能力现代化要求相适应的现代化统计调查体系是推进统计现代化改革的重要内容之一。

2018年8月，海关总署贯彻落实中央机构"三定"决策部署，成立统计分析司，优化整合海关统计职能。司内设置统计调查处，主要职责包括非报关单统计数据的采集，开展出口先导指数调查、进口货物使用去向调查等海关统计专项调查，立足新海关、探索新方法、实施新举措，围绕外贸新业态发展和海关业务改革中心任务，不断完善海关统计制度，推进海关统计工作现代化。42个直属海关均在总关和隶属海关设置了统计调查岗位，承担专项统计调查相关职责，其中15个直属海关还专门设立了统计调查科。统计分析司成立了统计调查专业小组，建立了统计调查联络员队伍，逐步充实全国海关统计调查力量，通过开展线下线上培训、编写实务手册等各种方式，不断提升海关统计调查人员的业务能力。同时，海关还以公告及其他便于样本企业知晓的方式公布统计调查工作方案，编写填报指南手册，直属海关或隶属海关组织统计调查对象召开宣讲会，说明调查目的和填报要求，海关向企业发送填报提醒，确保统计调查资料质量。

海关统计专项调查工作体系的建立，为进一步发挥海关统计的信息咨询和监督监测作用提供了坚实的组织保障。统计专项调查工作拓展了海关

1 《统计法》第十一条规定，统计调查项目分为国家统计调查项目、部门统计调查项目和地方统计调查项目。其中，国家统计调查项目分为重大国情国力普查项目、常规统计调查项目以及专项统计调查项目。从海关统计调查工作看，为与以报关单等行政记录为原始资料编制的进出口货物贸易统计和海关业务统计相区别，将以统计为目的、面向统计调查对象采集统计调查表来编制统计资料的工作，称为"海关统计专项调查"。

统计数据来源，具有信息提供和统计制度孵化的作用。运用科学的统计调查方法，可以在海关统计制度方法尚未完善或者海关统计机制手段尚未齐备的情况下，及时采集、处理、传递和积累反映货物、物品进出境以及海关管理等方面的信息，为政府有关部门、社会各界以及开展海关分析研究工作提供统计支持。运用统计调查方法，进行综合分析、专题研究和实证检验，可以进行统计方法探索，积累经验，从而不断推动完善海关统计制度体系。

为了便利统计调查对象填报调查表，进一步提高调查数据质量，确保调查资料和结果的真实性、准确性、完整性、及时性，并便于海关统计人员开展后续数据处理工作，2019年2月，海关总署着手开发海关统计专项调查调研信息化作业系统，并于次年6月正式上线运行。

海关统计专项调查调研信息化作业系统同时支持统计调查与为海关业务调研而开展的信息采集工作，即专项调查和专项调研。这两类工作均由海关统计部门确定报送信息的样本企业、在系统中部署调查问卷并对信息采集情况进行监测，但需要注意的是，专项调查和专项调研的业务属性截然不同。从工作目的和频度看，专项调查属于统计调查范畴，以编制统计资料为工作目的，通常为周期性的，调查可以按日或月度、半年度、年度，甚至是几年一次。专项调研也通过调查表格、问卷等采集信息，但采集信息的目的不是编制统计资料，而是用于了解各类与海关管理工作相关的情况，通常为一次性的，因此称为专项调研。从工作依据和法律责任看，专项调查应当符合《海关统计条例》《中华人民共和国统计法实施条例》《海关统计工作管理规定》《部门统计调查项目管理办法》等行政法规和部门规章中关于统计调查项目的制定、资料开发共享等基本要求，在报经国家统计主管部门审批或备案后，信息填报人依法履行真实、准确、及时、完整填报统计调查表的义务。专项调研则不受上述规范约束，属于书面调研的范畴。

二 修订海关统计工作管理规定

2017年8月1日，《中华人民共和国统计法实施条例》[1]（以下简称《统计法实施条例》）正式实施。《统计法实施条例》充分体现了党中央、国务院近年来对统计工作的总体要求，明确了与统计工作有关的各方在防范和惩治统计造假、弄虚作假中的责任，把确保统计数据真实准确贯穿于整个法律规范中，强化了对统计调查对象合法权益的保护，把推进统计制度方法公开、统计生产方式透明、统计调查成果共享、统计数据为全社会所用作为规范的重点。《统计法实施条例》的实施是我国统计法治建设具有里程碑意义的一件大事，对于推进海关统计的法治化建设也具有重大而深远的影响。

2018年4月海关机构改革以来，为适应新形势对海关统计的更高要求，海关将《统计法实施条例》的立法理念与核心要义贯穿于这一时期海关统计制度法制化建设之中，通过修订2006年版《海关统计工作管理规定》、开展海关统计调查项目的报批报备、启动海关统计项目标准化建设等系列举措，推进海关依法统计、依法治统，增强统计工作的科学性、规范性，提高统计资料的真实性、准确性，充分发挥海关统计在国家治理体系和治理能力现代化中的重要作用。

2006年版《海关统计工作管理规定》自施行以来，作为《海关统计条例》的配套规章，在规范海关统计工作、保证统计数据质量方面发挥了重要作用。但随着对外贸易形势的发展变化、国家统计立法和相关管理制度的逐步完善，以及机构改革后关检业务的深度融合，2006年版《海关统计工作管理规定》逐渐暴露出一些比较突出的问题和不足。如2006年版《海关统计工作管理规定》中，海关统计任务所涵盖的统计调查、统计监督、

1 其前身是依据1983年《统计法》制定的《中华人民共和国统计法实施细则》。

统计分析和统计服务等主要职能未能在《海关统计条例》原则性规定的基础上进一步予以明确和细化；边民互市贸易在2006年版《海关统计工作管理规定》中不列入海关统计，但根据贸易业态发展实际，自2015年起已列入海关统计；因申报不实而影响海关单项统计[1]准确性的处罚依据长期不明确。因此，确有必要对2006年版《海关统计工作管理规定》进行修订，进一步强化海关统计在服务宏观决策、完善海关管理、提供统计服务等方面的职能作用，并与《统计法实施条例》更加有效衔接。

2018年8月17日，修订后的《海关统计工作管理规定》以海关总署令第242号对外公布，自2018年10月1日起施行，海关总署令第153号公布的2006年版《海关统计工作管理规定》同时废止。

2018年版《海关统计工作管理规定》共5章29条，对原有体例、结构和主体内容作出较大幅度调整。从保证规章稳定性、便于今后动态调整出发，对2006年版《海关统计工作管理规定》中具体规定的统计原始资料、统计项目及统计方法、列入统计的货物类型等技术型条款作了整体性删除，改为以海关总署公告形式对外发布[2]，与2018年版《海关统计工作管理规定》同步施行。2018年版《海关统计工作管理规定》重点围绕《海关统计条例》所确定的海关统计基本职能，对“统计调查和统计监督”“统计分析和统计服务”设专章加以规定，旨在建立健全相关机制和制度，进一步强化海关统计在服务国家宏观决策、优化海关监管服务等方面的职能作用。

2018年版《海关统计工作管理规定》有效衔接《统计法》和《统计法实施条例》，对《海关统计条例》所规定的海关统计调查制度作出拓展和完善。一是扩展了统计调查对象的范围，在进出口收发货人及其代理人的基础上，增加了有关政府部门、行业协会和相关企业作为统计调查对象。二是丰富了海关统计调查的方法，除利用行政记录采集统计原始资料外，

1 参见第四章“三 单项统计的由来及发展”。

2 参见海关总署公告2018年第125号。

海关还可以通过抽样调查、重点调查、补充调查等方法采集统计原始资料，必要时可以进行实地检查核对，同时明确海关可以通过购买服务等方式委托社会中介机构收集相关资料。三是明确了海关对统计调查数据的相应处置权力，对统计调查中获得的统计原始资料可以进行整理、筛选和审核。四是对不履行有关义务的统计调查对象，明确依照《统计法》的相关规定进行处理。

2018年版《海关统计工作管理规定》充分运用《海关法》《统计法》及配套法规赋予海关的职责权限。从海关内部和外部两个方面明确了海关统计监督的制度内涵以及重点内容，一是监测、评估海关业务运行情况；二是监测进出口商品情况以及监督进出口企业贸易活动等。对于依法应当申报的项目未申报或者申报不实影响海关单项统计准确性的，明确规定予以警告或者处1000元以上1万元以下罚款，填补了申报不实影响海关单项统计的罚则空白。

2018年版《海关统计工作管理规定》进一步规范了海关统计服务工作，在充分保障数据用户获取海关统计服务的同时，保证统计数据信息安全。强调海关统计资料通过便于公众知晓的方式向社会公布；明确要求建立统计信息发布前的审查机制，涉及国家秘密、商业秘密或者海关工作秘密的统计信息，不得对外公布或者提供。

此外，2018年版《海关统计工作管理规定》将海关业务统计纳入海关统计法制化框架。海关业务统计是海关对进出境监督管理和海关内部管理资源、业务量以及结果的统计。1985年之前，海关业务统计由全国海关办公室系统负责，1986年起由海关统计部门归口管理。业务统计是海关统计工作的重要组成部分，对于海关加强执法监督与评估具有重要作用，有必要在规章层面完善其法律依据。随着海关业务领域不断拓展、特别是关检业务的深度融合，海关业务统计的职责定位、任务要求等需要适时调整，应当通过规章立法作出相应的制度安排。

2020年，为进一步保证统计调查对象的合法权益，提升海关统计立法工作的规范化水平，海关总署对2018年版《海关统计工作管理规定》第十二条

作出修订[1]，明确海关统计监督结果可以作为评估海关业务运行绩效、实施风险管理的依据，不再作为除统计处罚外的其他行政处罚等执法措施的依据。

三 海关统计标准化工作取得新突破

统计标准是关于统计项目含义、计算方法、分类目录、调查表式和统计编码等的标准化技术规范，广泛应用于统计工作全过程，是实现统计信息处理自动化、统计现代化的基本条件，是确保统计数据真实准确、可比可靠的基石，是统计活动的准则和统计工作的基础。统计标准的特征是统一性、强制性、广泛性、基础性。按照包含范围的大小，统计标准可以分为广义与狭义两类，前者泛指统计活动的准则，如IMTS，后者专指统计分类标准。

自1979年筹备恢复海关统计起，海关统计的范围和国别、商品等统计项目的设置即与联合国统计司编制的国际货物贸易统计标准保持一致，并随其版本更新而及时调整，有效保证了海关统计数据的国际可比性，确保了海关统计的公信力和权威性。

中国共产党第十八次全国代表大会以来，党中央、国务院高度重视标准化工作，形成了政府主导制定标准与市场自主制定标准共同发展、协调配套的机制。随着国家标准化事业的全面提升，海关统计制度在接轨国际标准的同时，也在积极推进统计代码及统计分类的海关行业标准建设，标准化工作取得新的突破。

海关统计经济区划编码规则

2016年3月起，全国开始实施“三证合一、一证一码”的工商管理企业注册登记改革，赋予每一个法人和其他组织在全国范围内唯一法定身份

1　参见海关总署令第247号。

识别码——18位统一社会信用代码。为顺应这一改革，提高贸易便利化程度，自2016年4月起，海关开始实行企业编码并行申报[1]，18位代码将逐步取代10位数海关编码[2]。但是，统一社会信用代码中无海关统计所需要的经济区划属性，在其全面取代10位数海关编码后，海关对地区的统计将失去关键信息来源。

为了应对这一挑战，2018年2月，海关总署研究决定，将已在自贸区统计工作中探索实践的统计项目“海关统计经济区划”[3]推广到全国使用，并将其编码规则纳入年度海关行业标准立项计划。海关总署综合统计司会同青岛海关组建标准起草小组，编写《海关统计经济区划编码规则》。

海关统计经济区划是独立于报关单的全新统计项目，仅用于标记进出口企业登记备案地的经济区划属性，编制地区统计资料。为了解编码规则在自贸区外的可操作、可落地、可实施前景，2018年6月至8月，起草小组在青岛关区专门开展了面向进出口企业等相对人的摸底调查。调查显示，受访企业中，94%认为编码规则具有较好的可读性和可理解性；89%认为该编码规则未对企业带来任何额外负担；98%认为可以准确选择代码；83%认为实施新的海关统计经济区划代码将发挥正面的积极作用。2018年11月，《海关统计经济区划编码规则》顺利通过海关行业标准评审，2019年3月以海关总署公告第40号正式发布，自2019年8月1日起实施。

《海关统计经济区划编码规则》（HS/T 59—2019）是第一部统计业务类海关行业标准，为下一步启动地区统计资料编制方法改革奠定了坚实的制度基础，并成为海关统计行业标准建设的良好开端。

---

1 进出口收发货人及其代理人在填制报关单时，可以填报统一社会信用代码，没有统一社会信用代码的，填报其10位数海关编码。

2 参见第三章“五 经营单位实现一企一码，经济区划和企业类型统计更加完善”。

3 参见第五章“六 自由贸易试验区的统计实践”。

海关统计贸易方式代码与运输方式代码

2019年2月，在充分总结前期标准化建设经验的基础上，海关总署统计分析司会同厦门海关组成标准起草小组，研究编制《海关统计贸易方式代码》和《海关统计运输方式代码》海关行业标准。贸易方式和运输方式是恢复海关统计之始即设立的统计项目，对于判定海关统计范围起到关键作用。《海关统计条例》第四条关于统计范围的规定中，“实际进出境”通过运输方式来识别，而“改变境内物质存量”则通过贸易方式识别，两个统计项目共同构成了统计范围的识别逻辑。单独来看，贸易方式项下的一般贸易、加工贸易、援助等统计分类能够较好地反映我国对外贸易的类型、目的等，运输方式项下的海运、空运等统计分类可以为交通部门及行业协会等提供跨境物流的统计信息，在海关统计监测分析和统计服务中发挥着重要作用。2019年7月，两个海关行业标准顺利通过评审，同年12月，海关总署公告第201号正式发布《海关统计贸易方式代码》（HS/T 60—2019）和《海关统计运输方式代码》（HS/T 61—2019），自2020年6月1日起实施（见图6–2）。

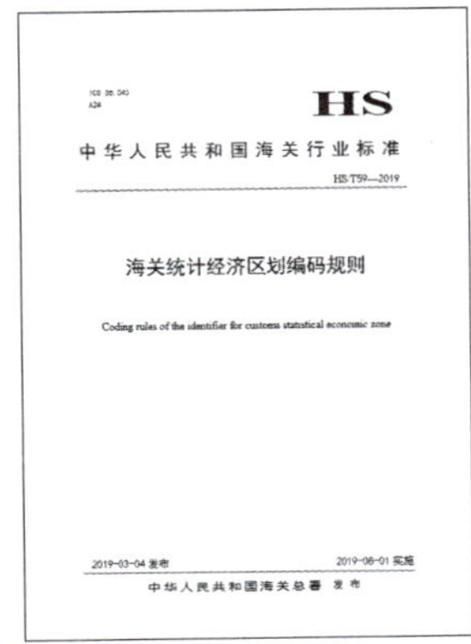

HS

中华人民共和国海关行业标准

HS/T59—2019

海关统计经济区划编码规则

Coding rules of the identifier for customs statistical economic zone

2019-03-04 发布　　2019-08-01 实施

中华人民共和国海关总署　发布

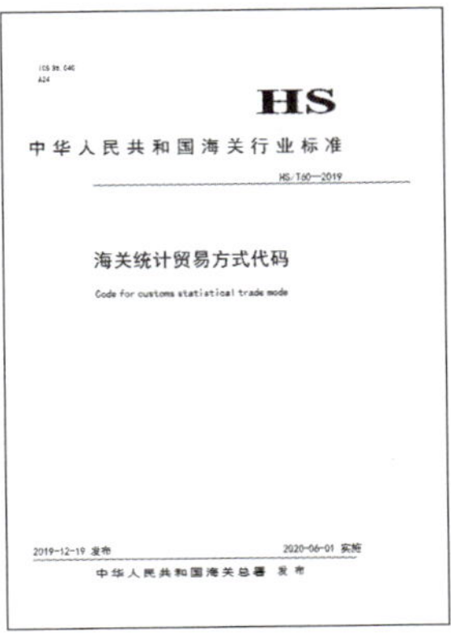

HS

中华人民共和国海关行业标准

HS/T60—2019

海关统计贸易方式代码

Code for customs statistical trade mode

2019-12-19 发布　　2020-06-01 实施

中华人民共和国海关总署　发布

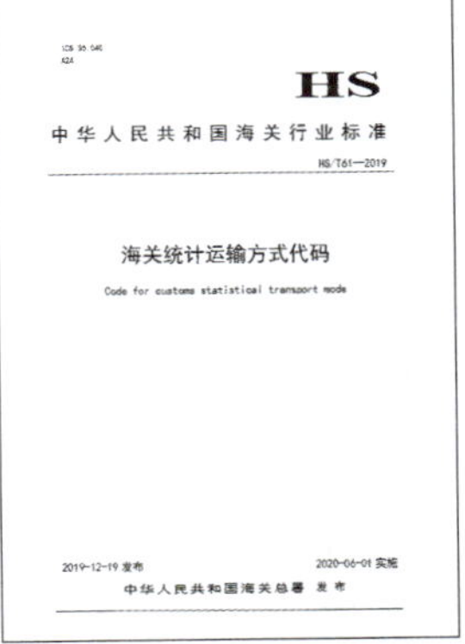

HS

中华人民共和国海关行业标准

HS/T61—2019

海关统计运输方式代码

Code for customs statistical transport mode

2019-12-19 发布　　2020-06-01 实施

中华人民共和国海关总署　发布

▲ 图6–2　2018年以来，海关总署先后编制并发布了《海关统计经济区划编码规则》《海关统计贸易方式代码》《海关统计运输方式代码》3个统计业务海关行业标准

上述3个标准均可以通过中国技术性贸易措施网的标准栏目[1]进行查询。

2021年4月，《海关统计商品目录及主要进出口商品目录编制规则》纳入海关年度行业标准立项计划，海关总署统计分析司已会同杭州海关组成标准起草小组，开展相关工作。

四 海关统计调查项目全面融入国家统计调查项目管理体系

《统计法实施条例》加强了对统计调查项目的规范管理，要求统计调查项目的制定机关应当就项目的必要性、可行性、科学性进行论证，征求有关地方、部门、统计调查对象和专家的意见，集体讨论决定，同时还明确了统计调查项目审批和备案的程序、条件和时限，并要求公布已经审批、备案的调查项目及其调查制度的主要内容，旨在尽可能避免各类统计调查项目重复、矛盾，减轻统计调查对象的申报负担，提高统计调查的有效性和质量。

《统计法实施条例》出台后，国家统计局制定了《部门统计调查项目管理办法》（国家统计局令第22号），该办法第十四条规定，国务院有关部门制定的统计调查项目，统计调查对象属于本部门管辖系统或者利用行政记录加工获取统计资料的，报国家统计局备案，否则报国家统计局审批。统计调查项目是否依法进行了备案或审批，已成为2019年以来国家统计局对各部门开展统计督察的重点内容。

海关统计调查是搜集、整理海关统计资料的过程，是《海关统计条例》规定的海关统计主要任务之一。2018年版《海关统计工作管理规定》第七条进一步明确，“海关利用行政记录全面采集统计原始资料。行政记录不能满足统计调查需要的，海关通过抽样调查、重点调查和补充调查等

1 http：//www.tbtsps.cn.

方法采集统计原始资料”。进出口货物贸易统计和海关业务统计以报关单等行政记录为统计原始资料，按照规定的统计范围采集行政记录完成统计工作，不涉及面向统计调查对象发放及回收调查问卷；而出口先导指数调查及进口货物使用去向调查则采用分层抽样或重点抽样方法确定统计调查对象，通过调查问卷采集统计原始资料。海关统计实践与《统计法实施条例》的立法理念一致。

自1979年筹备恢复海关统计起，海关总署即与国家统计局共同制定进出口货物贸易的海关统计制度，形成了包括统计范围、统计项目、资料来源、编制方法、组织分工、职责义务等在内的一整套统计活动行为规范。1980年版、1985年版和1995年版《海关统计制度》，均由海关总署与国家统计局联合制定并印发各直属海关与各地方统计局遵照执行。2005年，《海关统计条例》和2006年版《海关统计工作管理规定》先后出台，海关统计制度从原规范性文件层级提升至法规与行政规章层级，海关依法统计、依法治统的成效愈发显著。

《统计法实施条例》和《部门统计调查项目管理办法》出台后，海关总署即按照上述法规和规章的要求，就海关实施的进出口货物贸易统计、海关业务统计、中国外贸出口先导指数调查和进口货物使用去向调查4个调查项目向国家统计局报备、报批。2018年4月，出入境检验检疫职能划入海关，原国家质量监督检验检疫总局负责编制的进出境检验检疫统计资料也并入海关业务统计范畴，由海关总署一并向国家统计局备案。2018年5月31日，国家统计局同意海关统计调查制度[1]备案；同年6月20日，批准出口先导指数调查制度与进口货物使用去向调查制度。2019年9月23日，同意海关业务统计调查制度备案；同年10月18日，出口先导指数调查制度到期后，国家统计局再次批准该调查制度。

上述海关统计调查制度的备案或批准，标志着海关统计工作全面融入

1　即进出口货物贸易统计调查制度。

国家统计调查项目管理体系，海关依法履行国家统计调查职责，编制并公布各类官方统计资料，统计数据的公信力和权威性进一步增强，并促进了国家统计调查体系的规范性、统一性和完整性。

五 在不断发展的海关业务改革中建立更具韧性的统计数据采集体系

为建立与进一步扩大开放更加适应的海关监管制度，贯彻落实国务院“放管服”改革要求，进一步优化营商环境、促进贸易便利化，全国海关深入推进通关一体化[1]、“两步申报”[2]制度、跨境电子商务进出口监管制度、“径予放行”制度等重大海关业务改革创新措施，海关监管作业最大限度实现“前推后移”，进出口收发货人的申报模式与海关单证审核模式均发生不同程度的变化，对海关统计的传统作业流程和数据质量保障模式带来了前所未有的挑战。

海关统计始终坚持服务国家经济发展和海关管理的指导思想，在确保统计范围不变、统计项目稳定的前提下，迎难而上，加快统计制度方法改革创新力度，统筹考虑各种不同贸易业态的特点和海关监管要求，建立了以报关单数据为主，边民互市商品申报单、快件报关单、跨境电子商务清单、进出境邮件数据、“径予放行”货物出入仓单多个“卫星”数据库为辅的全面、完整、协调、统一的海关统计数据库，以更强的韧性应对外部变革对海关统计数据采集体系的冲击。

---

1 全国通关一体化改革模式下，货物进出口通关时，海关对货物安全准入、合法进出口等要素完成风险甄别后，绝大部分货物先予以放行，之后再开展税收后续处理，海关实施全过程抽查审核。

2 在“两步申报”通关模式下，第一步，企业概要申报后经海关同意即可提离货物；第二步，企业自运输工具进境之日起14日内完成完整申报，办理缴纳税款等其他通关手续。

采集邮件及快件电子商务包裹数据，实现应统尽统

随着跨境电子商务的快速发展，直接面向终端消费者的线上交易大多以低值小包裹形态进出境，进出境邮包的数量随之大幅增长，其中出口邮包的增长更为显著。针对这一贸易新业态的特点，广州邮政率先启用“国际e邮宝”产品，国内卖家在跨境电子商务平台上形成订单后，通过国际e邮宝获取包裹号码，支持全程物流跟踪，包裹由卖家或其货运代理人直接交付邮政，通过国际邮政网络运送、清关和递达，在保证时效性的前提下，跨境物流费用低于邮政快件，广受跨境电子商务卖家的欢迎。

海关总署和广州、杭州海关调研显示，除了国际e邮宝外，其他邮政承运的包裹、快件以及其他商业快递企业承运的进出境B类快件[1]中，也包含部分电子商务货物。例如，境内消费者在境外亚马逊等电子商务平台下单购买的商品，或者境外消费者在境内淘宝等平台下单购买的商品，常常通过邮件或快件渠道进出境，符合“交易契约”“跨境物流”以及“跨境支付”等进出口货物贸易特征。虽然对这些具有贸易特征的邮包和快件，海关也按照个人物品监管，但如果在统计上不予区分，则会造成应当列入统计的货物未统计，随着跨境电子商务新业态的快速发展，统计范围的缺口会越来越大。

统计邮快件电子商务包裹需要解决3个难题：一是统计时要剔除邮快件包裹中亲友馈赠等非贸易属性的个人物品，保证统计范围准确；二是获取B类快件报关单、邮政数据等统计原始资料，保证统计数据完整及时；三是编制商品、国别等统计项目，保证数据导入后与统计数据库充分兼容。而B类快件报关单和邮政包裹面单数据，既无法直接识别该包裹是否为电子商务货物，也不能直接满足海关统计项目的编制要求，迫切需要设计科学合理、具有可操作性、成本适宜的统计方法。

1　即个人物品类进出境快件，指海关法规规定自用、合理数量范围内的进出境的旅客分离运输行李物品、亲友间相互馈赠物品和其他个人物品。

2019年年初，海关总署统计分析司会同杭州、广州、黄埔海关组成统计小组，联合商务部、国家邮政总局，就实现跨境电子商务邮快件包裹出口统计确定了具体实施方案。同年7—8月，邮政部门按照统计小组的建议，提供了哈尔滨、青岛、成都、武汉、杭州、广州6个城市的5000多份出境邮政包裹信息，覆盖4类邮政包裹[1]。所在城市商务部门对这些包裹的寄件人逐一进行了电话调查，确定了出境邮快件渠道中的电子商务比例。进口方面，统计小组广泛调研，向物流承运人、卖家等跨境电子商务相关方了解情况，综合讨论确定了进口邮包和快件中的电子商务比例。这两个参数比例用于排除非贸易特征的邮快件包裹，保证统计范围准确。

统计原始资料由来自海关的B类快件报关单数据、海关业务统计数据和来自邮政的4类包裹分国别汇总数据共同组成。对于统计原始资料不支持的统计项目，统计小组逐一确定了编制方法。例如，为进出口收发货人制定了虚拟编码规则。2019年11月，海关贸易统计综合管理系统邮快件电子商务包裹数据导入功能上线运行，系统每月自动接收上述统计原始资料，按照既定规则形成数据文件，并入贸易统计数据库。同年12月底，全年各月邮快件电子商务包裹数据完成入库。

通过跨部门协同合作实现的邮快件电子商务包裹统计，打破了长期以来完全依靠海关行政记录编制进出口货物贸易统计的局面，解决了对外贸易新业态发展中海关统计面临的完整性问题，保证了海关统计的科学性与公信力，是海关统计编制方法的一次重大改革创新，在海关统计制度方法发展史上具有重要意义。

采集“一线”“径予放行”货物的统计原始资料

2018年11月5日，在首届中国国际进口博览会上，习近平总书记宣布增设上海自贸区临港新片区，鼓励和支持上海在推进投资和贸易自由化便

1 即国际e邮宝、国际EMS、国际包裹、国际小包。

利化方面大胆创新探索，为全国积累更多可复制可推广经验。2019年8月6日，国务院印发《中国（上海）自由贸易试验区临港新片区总体方案》，明确“建立洋山特殊综合保税区，作为对标国际公认、竞争力最强自由贸易园区的重要载体，在全面实施综合保税区政策的基础上，取消不必要的贸易监管、许可和程序要求，实施更高水平的贸易自由化便利化政策和制度。对境外抵离物理围网区域的货物，探索实施以安全监管为主、体现更高水平贸易自由化便利化的监管模式，提高口岸监管服务效率，增强国际中转集拼枢纽功能”。

为了落实党中央、国务院关于“更高水平贸易便利化”的部署，2019年11月4日，海关总署制定了洋山特殊综合保税区的监管办法，创新设计“径予放行”制度。即对洋山特殊综合保税区与境外之间进出的货物，涉及检验检疫及按规定“一线”实施验证的，企业应向海关办理申报手续；不属于上述范围的，海关径予放行。

洋山特殊综合保税区“径予放行”的监管制度设计，对以报关单证为统计原始资料的海关统计制度带来了重大挑战，海关统计又一次面临“失源”风险。在制定监管办法的同时，海关总署同步启动了统计制度设计，在确保我国货物贸易统计标准不变的情况下，尽可能保证海关统计的完整性、及时性和准确性。海关总署与上海海关多次开展实地调研，全面了解区内企业的业务模式。2019年12月17日，海关总署发布了洋山特殊综合保税区统计办法，明确规定，境外与洋山特殊综合保税区之间进出的货物，除另有规定外，均列入海关统计，即包括“径予放行”的进出境货物。该办法还增设了特殊综合保税区专用的海关统计经济区划代码、洋山特殊综合保税区国内地区代码以及特殊综合保税区与境内区外之间进出口申报时使用的单项统计运输方式代码。

从具体统计方法看，海关在依法统计的前提下，按照“守正创新”的总体改革思路，坚持底线思维，在统计数据采集与审核模式上大胆创新，改变货物渠道逐笔申报、实时统计的传统做法，将统计数据采集要求前置于洋山特殊综合保税区管理机构建立的公共信息服务平台。平台每月25日汇总上月25日至当月24日的区内企业进出仓记录信息后，传输至上海海关，再报送至海关总署，实现了货物渠道无申报情况下的完整统计。

2020年6月1日，党中央、国务院公布海南自由贸易港建设总体方案，明确提出在洋浦保税港区等具备条件的海关特殊监管区域率先实行“一线”放开、“二线”管住的进出口管理制度。2020年6月3日，海关总署发布了海关对洋浦保税港区监管办法，规定洋浦保税港区与境外之间进出的货物，涉及检验检疫及按规定“一线”实施验证的，企业应向海关办理申报手续，除此之外，海关径予放行。

在洋山特殊综合保税区“径予放行”货物海关统计制度方法创新取得成功经验的基础上，2020年9月，海关总署出台了洋浦保税港区统计办法，规定境外与洋浦保税港区之间进出的货物实施海关统计，洋浦经济开发区管委会建立的公共信息服务平台应当满足进出口货物贸易统计原始资料的采集与质量控制要求，并增设了洋浦保税港区与境内区外之间进出口申报时使用的单项统计运输方式代码。2020年10月25日，首批洋浦保税港区“径予放行”货物统计数据顺利传输至海关总署。

建立防疫物资应急统计机制

2020年年初，新冠肺炎疫情突如其来，迅速形成全国蔓延之势，这是中华人民共和国成立以来我国遭遇的传播速度最快、感染范围最广、防控难度最大的重大突发公共卫生事件。各地口罩、防护服、呼吸机等疫情防控物资快速消耗，在国内产能受春节和疫情双重因素影响尚未恢复之际，进口防疫物资的快速通关和精准调拨成为抗击疫情的重要举措之一。

2020年1月24日晚，海关总署向武汉海关下发通知，要求设立专门受理窗口和绿色通道，第一时间为相关物资办理通关手续，对进口捐赠物资实施快速验放，并通知各关参照执行。2020年1月26日凌晨，海关总署发布公告，境外捐赠的疫情防控物资，海关可凭医药主管部门的证明先登记放行，后补办相关手续。2020年1月27日，按照特事特办原则，海关总

署进一步制发通知，明确进口疫情防控物资快速通关措施，对专门用于疫情防控治疗的进口药品、医疗器械等，包括通过各类运输方式进口、旅客携带和通过邮寄快递方式进境的疫情防控物资，做到即到即提，确保通关“零延时”，以最短的时间投入疫情防控。

“登记放行”制度最大限度地压缩了防疫物资进口通关时间，使这些物资以最快的速度送达疫情抗击一线，但却对以报关单为统计原始资料的海关统计工作构成了巨大挑战。在没有报关单的情况下，要实现进口防疫物资品种、流向和规模的每日监测，及时向党中央、国务院报送抗疫决策所必需的相关物资进口数据，切实发挥海关统计在关键时刻的决策辅助作用，是海关必须要高标准、高质量、高效率完成的一项政治任务。

海关总署第一时间建立了疫情防控物资应急统计机制，对统计范围、统计项目、数据采集与报送方式等作出具体规定，并编制了疫情防控物资进口统计工作指引，确保全国海关防疫物资应急统计工作的规范性和统一性。海关总署按照国务院应对新冠肺炎疫情联防联控工作机制的要求，确定了防疫物资统计品种范围；根据不同的进口模式，分类施策采集统计原始资料，对于“登记放行”的，采用“口岸直统”方式，由各口岸海关每日将登记放行的防疫物资进口情况按照品种、原产国、贸易方式、境内目的地分组汇总形成数据报表后，发送至各直属海关统计部门初审，与从报关单数据中采集的非登记放行防疫物资进口数据合并；紧急启用海关统计专项调查调研信息化作业系统（试用版），各直属海关统计部门将数据从各地传输至海关总署，海关总署统计分析司复核后形成防疫物资进口日报数据，每天向国务院联防联控机制报送疫情防控物资进口动态。2020 年 1 月 28 日，尚在春节假期内的海关统计调查与数据审核人员全部返岗，立即投入紧张工作（见图6-3）。2020 年 1 月 31 日，海关总署首次发布疫情防控物资进口数据，用精准、权威的海关统计数据回应了社会各界对防疫物资进口情况的关切。

在党中央的坚强领导下，全国各族人民践行生命至上、举国同心、舍

▲ 图6-3 基层海关统计人员在数据上报前再次检查核对当日口岸已放行的进口防疫物资统计报表

生忘死、尊重科学、命运与共的伟大抗疫精神，用较短的时间遏制了疫情在国内蔓延的势头，防疫物资的国内产能迅速恢复，对进口的需求逐步减少，“登记放行”制度也随之取消。与此同时，境外疫情加速扩散蔓延，成为百年来全球发生的最严重的传染病大流行，其他国家和地区对防疫物资的需求激增。海关总署及时调整应急统计机制，取消“口岸直统”，从进口统计转为进出口统计，侧重出口，并要求全国海关加强对口罩、防护服、呼吸机、核酸检测试剂盒等主要防疫物资进出口申报数据的质量控制，从报关单等行政记录中直接采集统计原始资料。海关总署统计分析司会同黄埔海关组成统计小组，每日监测进出口动态，向党中央、国务院及相关部委提供各类统计数据，继续服务国家疫情防控大局。

2020年4月5日，在国务院联防联控机制新闻发布会上，海关总署介绍，2020年3月1日以来全国海关共验放出口主要疫情防控物资102亿元，表明中国没有也不会限制医疗物资出口。2020年4月20日，在外交部例行新闻发布会上，外交部新闻发言人用中国海关统计的对美国出口防疫物资数据，有力地回击了所谓“中国囤积个人防护设备牟取暴利”的阴谋论调。2020年9月8日，习近平总书记在全国抗击新冠肺炎疫情表彰大会上发表讲话，“我们在自身疫情防控面临巨大压力的情况下，尽己所能为国际社会提供援助，宣布向世界卫生组织提供两批共5000万美元现汇援助，向32个国家派出34支医疗专家组，向150个国家和4个国际组织提供283批抗疫援助，向200多个国家和地区提供和出口防疫物资。从3月15日至

9月6日，我国总计出口口罩1515亿只、防护服14亿件、护目镜2.3亿个、呼吸机20.9万台、检测试剂盒4.7亿人份、红外测温仪8014万件，有力支持了全球疫情防控”[1]。

为便利企业申报和海关高效监管，进一步提高新冠肺炎疫情防控物资申报准确性，便于开展防疫物资应急统计工作，根据防疫物资进出口结构的变化，海关总署于2020年3月增列了口罩和防护服10位数商品编码，于2021年1月起增列核酸检测试剂盒以及新冠病毒疫苗的10位数商品编码。2021年7月13日，在国务院新闻发布会上，海关总署新闻发言人介绍，2021年上半年，我国已向112个国家和地区出口了超5亿剂新冠病毒疫苗和原液，为全球抗疫合作和经济复苏作出了重要贡献。

六　主动求变，更好地发挥海关统计数据的决策辅助作用

自1980年恢复海关统计以来，海关统计事业取得长足进步：建立了全国统一、高效协同的统计工作管理体制，制定了与国际接轨的统计制度，自主开发的统计信息化系统稳健运行，数据质量不断提高，统计产品更加丰富，统计监测分析和服务成果丰硕，海关统计的权威性和公信力日益增强。在全面建设社会主义现代化国家的新征程中，海关主动求变、积极探索、大胆创新、加强部门协作、深入推进统计制度方法改革，使海关统计能够更加全面地反映经济社会和对外贸易发展新实践。

全面修订海关统计主要进出口商品目录

我国进出口商品品种繁多，1980年以SITC为基础编制的《海关统计商品目录》中即包括了2700余个商品编码。1992年我国采用《协调制度》后，海关统计用商品目录与征税用商品目录合二为一，商品结构层级划

1　习近平：在全国抗击新冠肺炎疫情表彰大会上的讲话。新华网，2020年9月8日。

分更加细致，编码个数也大幅增加，至2021年已近9000个具体商品编码。为便于各类数据使用者从以商品为统计分组的海量数据中，快速了解对我国国民经济发展有重要影响的、关乎国计民生的或规模较大商品的进出口情况，海关总署根据我国出口和进口的商品结构，分别编制出口和进口主要商品目录（以下合称主要进出口商品目录），用于在《海关统计》月刊中公布月度主要进出口商品情况，并从中选择最受关注的约30项商品形成重点进出口商品目录，在海关统计快讯中对外公布进出口数据。在海关统计年鉴中，按照《海关统计商品目录》每个商品编码公布进出口值。

海关统计主要进出口商品目录的商品编码范围可以是《海关统计商品目录》中的单个商品编码，例如，原油（2709.0000）；但绝大多数是多个商品编码的组合，例如，农产品，编码范围覆盖第1～24章，第29、33、35、38、41、43章以及第50～53章的部分商品。

自1980年恢复海关统计起，海关即采用上述方法编制主要进出口商品目录，并根据各类数据使用者的需求陆续调整分类，以增列为主。例如，2000年根据科技部和对外贸易经济合作部的要求增加高新技术产品，2011年根据中宣部、商务部的建议增加文化产品等。多年来，按照主要进出口商品目录编制的海关统计数据，在反映对外贸易商品结构、服务行业外贸监测及产业发展、开展双边经贸关系研究等方面发挥了重要作用。但随着国民经济的发展和产业结构升级，我国对外贸易商品结构也随之发生较大变化，主要进出口商品目录的代表性、可比性与结构合理性的不足之处逐渐显现。

以2019年版主要进出口商品目录为例。2019年版主要出口商品目录共计310项，其中一级分类165项，主要进口商品目录共计259项，其中一级分类134项。一级分类占比过半，“主要”的特征不够突出。改革开放40年来，机电产品已成为我国出口的主要类别，但出口目录中与机电产品相关的分类只占约三成，未及时体现我国贸易结构的变化。部分分类的商品范围需进一步完善，以提高与国内和国际相关数据的可比性。

为解决上述问题，2019年3月，海关总署统计分析司会同哈尔滨、上海、杭州、福州、黄埔海关组成工作组，启动了海关主要进出口商品目录

的修订工作。这是该目录使用近40年来的第一次全面修订。工作组面向各海关单位以及农业农村部、工业和信息化部、商务部等13个部委以及中国机械工业联合会、中国轻工业联合会等25个主要行业协会广泛征求意见，并参考国家统计局的《统计用产品目录》《国民经济行业分类》，联合国统计司的《产品总分类》《所有经济活动的国际行业标准分类》、SITC，世界贸易组织的《乌拉圭回合农业协议》，世界海关组织的《商品编码与名称协调制度注释》等资料，按照“重点突出、层级清晰、范围可比”的原则，优化分类分级，调整分类范围。

修订后的主要出口商品目录共计282项，其中一级分类82个，约占29%，主要进口商品目录共计209项，其中一级分类54个，约占26%，突出目录“主要”的特征。在商品范围上，一级分类之间允许交叉，一级分类之下的平级分类不予交叉，支持开展结构性分析。目录删去了辣椒干、蜂蜜等，增加了农业机械、家用电器等，更好地反映了当前我国主要进出口商品的结构。目录还调整了粮食、机电产品等的层级分类与编码范围，提高了数据的国内与国际协调可比性。自2020年起，海关按照修订后的主要进出口商品目录编制并公布海关统计快讯、《海关统计》月刊等统计刊物中的重点或主要进出口商品表。修订后的目录更加贴合相关部委与行业协会的海关统计数据分析使用需求，收到了良好的社会反响。自2021年起，为配合国家食品安全工作，海关总署以《中华人民共和国食品安全法》中“食品”的法定概念为基础，结合《海关统计商品目录》，研究制定了食品统计口径，在主要进出口商品目录中增列“食品”分类，每月对外公布食品进出口数据。

跨境电子商务统计制度走向成熟

2019年7月3日，国务院总理李克强主持召开国务院常务会议，部署完善跨境电子商务等新业态促进政策，适应产业革命新趋势推动外贸模式创新，并明确要求完善跨境电子商务统计体系。海关总署在全面总结2014年以来跨境电子商务管理平台统计[1]实践与2016年至2018年3次跨境电子商务全业态统计试点调查经验的基础上，依据《海关法》《中华人民共和国对外贸易法》《中华人民共和国电子商务法》《海关统计条例》《标准框架》、IMTS等，制定了完善跨境电子商务统计体系工作方案。

上述方案正式确定了跨境电子商务全业态统计的范围：分属不同关境的贸易（交易）主体通过电子商务平台达成交易，在线生成订单，并实际跨境交付的有形货物，包括通过海关跨境电子商务进出口统一版信息化系统、邮快件渠道进出口，以及通过按一般贸易、加工贸易等方式办结海关手续后在网上销售的进出口货物。

方案提出了跨境电子商务全业态统计应遵循的4项工作原则。一是完整性原则：坚持统筹规划，系统设计跨境电子商务统计制度，规范统计范围、指标体系、测算方法和发布机制，拓展数据采集来源，涵盖各跨境电子商务利益相关方，全面反映跨境电子商务业态发展状况。二是真实性原则：科学制定统计调查方案，建立健全多方合作机制和数据质量保障机制，确保数据的真实可靠，提高原始数据的可追溯性，增强统计制度的可操作性。三是创新性原则：坚持创新引领，提高海关统计反映新业态和解决新问题的能力。不再局限于传统海关统计方法，综合运用科技和统计调查等手段，不断优化大数据与电子商务背景下的跨境电子商务统计方法。四是独立性原则：跨境电子商务统计是一种新的统计产品，是货物贸易统计的一部分，但其统计方法和数据应用均明显有别于传统海关统计，是专门为反映跨境电子商务业态规模和发展状况而单独编制的统计资料，与贸易统计是包含关系，不是并列加总关系。

方案经国务院批准后，海关跨境电子商务统计工作进入新的发展阶段，统计原始资料的采集、质量控制与编制方法日趋成熟，测算参数不断优化。自2019年起，面向跨境电子商务平台、卖家以及跨境电子商务服务企业的

1　参见第五章“海关跨境电子商务管理平台统计”。

统计试点调查周期从年度提升至半年度。调查表式中增加了进口货物的境内消费使用地及出口货物的境内货源地，在国别、商品的基础上进一步丰富了统计分组。海关总署还组织编写了调查表填报指南，便于样本企业准确理解填报要求，提高填报质量。2020年海关统计专项调查调研信息化作业系统上线后，样本企业可以直接登录该系统填报调查表，系统还支持不同填报项目之间的逻辑关系校验检查，提示样本企业及时修正填报差错，一定程度上保证了统计原始资料的准确性。

为提高跨境电子商务全业态统计的时效性，海关探索实施统计快报制度，使跨境电子商务统计的编制频度与传统的海关统计更加协同。快报为初步统计，是在上一期调查资料和进出口货物贸易统计的基础上测算出口总值与进口总值，并衍生编制进出口总值及变动幅度。正式统计则以当期调查资料为基础编制，从货物的通关渠道、贸易伙伴、商品类型、国内地区等多维度反映跨境电子商务发展的全貌，有关数据暂不对外公布。

海关跨境电子商务管理平台统计、海关跨境电子商务全业态统计与海关进出口货物贸易统计呈现层级递进包含关系，后者包含前者。其中，海关跨境电子商务管理平台统计是跨境电子商务全业态统计的有机组成部分，是按照跨境直购等特定监管方式，以报关单及跨境电子商务清单等海关行政记录为原始资料，通过“超级汇总”方法编制的统计数据，可以直观地反映海关对跨境电子商务监管的实际情况，为有效实施海关业务管理、反映国家跨境电子商务零售进出口和B2B出口政策效果提供多维度、高频度的统计数据支持。而海关跨境电子商务全业态统计则聚焦业态发展规模，不限于特定的海关监管方式，不限于特定的进出境通关渠道，也不限于是境内平台成交还是境外平台成交，只要是满足“订单在线生成”这一条件的跨境货物，均列入统计范围，通过采集行政记录、开展样本企业调查、搜集相关资料等方法综合编制统计数据。与海关跨境电子商务管理平台统计相比，海关跨境电子商务全业态统计体现了跨境电子商务在整个进出口贸易活动中的份额及增长情况，更加符合国务院及有关部门的数据使用需求，能更好地服务于国家跨境电子商务发展大局（见图6–4）。

在跨境电子商务全业态统计实践中，海关还厘清了通过邮件与快件渠道进出境并按照个人物品监管的跨境电子商务包裹的统计属性与统计方法，使海关统计的范围更加全面、完整，进一步促进了海关统计制度方法的完善。

2021年1月14日，在国务院新闻发布会上，海关总署新闻发言人首次公布跨境电子商务全业态初步统计数据：2020年我国跨境电子商务进出口1.69万亿元，增长了31.1%。其中，出口1.12万亿元，增长40.1%；进口0.57万亿元，增长16.5%。在2021年4月和7月的新闻发布会上，海关总署新闻发言人分别公布了2021年第一季度和上半年的跨境电子商务进出口总值，与传统的海关统计数据实现了同步发布。

▲ 图6–4　2021年4月，海关总署和国家统计局在广州开展跨境电子商务联合调研，对跨境电子商务海关统计方法及数据公布等事项征求企业及相关部门的意见与建议

保税物流中心统计办法的变革

经过多年的发展，发端于改革开放初期的保税监管制度已成为中国吸引外商投资、承接国际产业转移、推进加工贸易转型升级、扩大对外贸易的重要政策措施，在推动国内市场与国际市场接轨、带动区域经济发展等方面发挥了积极作用。2005年，为进一步适应国际物流业的发展，保税物流中心应运而生，成为继出口监管仓库、保税仓库之后设立的第三类保税监管场所，分为A型和B型，以B型为主。其中，A型保税物流中心是指

经海关批准，由中国境内企业法人经营、专门从事保税仓储物流业务的海关监管场所；B型保税物流中心是指经海关批准，由中国境内一家企业法人经营，多家企业进入并从事保税仓储物流业务的海关集中监管场所。海关对于境外存入保税物流中心的进口货物实施保税监管，暂不征收进口关税及环节税，对于境内存入保税物流中心的货物视同出口，货物运入保税物流中心后即可办理退税手续。优惠、便利的政策措施使得保税物流中心快速发展起来。海关总署同步出台了保税物流中心管理办法，并增列了保税物流中心进出境货物的专用监管方式（代码6033）。2005年8月，为了全面了解进出保税物流中心货物的流向和流量，海关总署制定了保税物流中心统计办法，规定了保税物流中心进出境货物列入进出口贸易统计，同时增设保税物流中心与境内之间进出口货物的单项统计用运输方式（代码W）。2012年4月，根据对保税物流中心的管理需要，海关为每一个保税物流中心设立了国内地区代码。该代码为5位数结构，其中第1～4位代码为保税物流中心所在地行政区划代码，第5位代码为W。保税物流中心经批准成立后，海关总署综合统计司即为之赋予唯一的国内地区代码，保税物流中心内企业在海关备案时，无论是作为进出口收发货人，还是消费使用单位或者生产销售单位，其10位数海关编码的前5位必须为该中心的国内地区代码，海关以该中心内备案的进出口收发货人为口径统计各保税物流中心的进出口值，与海关特殊监管区域的统计制度方法一致。随后，在海关统计月报“特定地区总值表”中公布保税物流中心的月度进出口数据。

随着保税物流中心业务的发展，保税物流中心外企业也可以作为进出口收发货人向海关申报保税物流中心进出境货物。如果继续以保税物流中心内进出口收发货人作为保税物流中心的统计口径，会遗漏保税物流中心外企业开展的业务；与此同时，保税物流中心内企业作为进出口收发货人向海关申报的非保税物流中心进出境货物，则会被列入保税物流中心进出口值统计，这两种情况都会影响保税物流中心进出口统计的准确性，必须重新制定保税物流中心统计办法。

2020年12月，海关总署统计分析司会同广东分署、南京海关、武汉海关、深圳海关等组成工作组，聚焦海关对保税物流中心的管理要求和保税物流中心的业务发展动态情况，从统计范围的准确性、统计方法的便利性和统计原始资料的可靠性角度出发，对保税物流中心的统计办法作出全面优化升级。2021年1月7日，海关总署以公告方式发布了新的保税物流中心统计办法[1]，明确规定，保税物流中心与境外之间往来的保税物流货物（监管方式代码6033）和网购保税货物（监管方式代码1210和1239）列入海关统计，按照消费使用单位或者生产销售单位前5位对物流中心进出境货物进行分组统计，境内进出保税物流中心的货物继续按照运输方式代码W实施海关单项统计。2021年1月以来的保税物流中心进出口数据即按照上述方法编制，并在海关统计月报中公布。

为便于数据使用者更好地分析使用保税物流中心进出口数据，海关在公布新的保税物流中心统计办法的同时，还公布了按照新办法编制的前溯3年的全国及各保税物流中心进出口统计。以2020年为例，按照新的保税物流中心统计办法，全国保税物流中心共进出口1548.5亿元，其中出口584.2亿元，进口964.3亿元；按照原保税物流中心统计办法，全国保税物流中心共进出口1602.3亿元，其中出口756.9亿元，进口845.4亿元。

新的保税物流中心统计办法增加了监管方式作为统计范围的筛选条件，以消费使用单位或者生产销售单位为统计分组，从根本上改变了1993年全面实施10位数海关编码以来逐步形成的以收发货人为口径的区域统计办法，是海关统计主动适应贸易业态发展变化、紧密围绕海关监管制度变革而进行的一次积极、有益的统计制度改革，为未来改革、完善海关特殊监管区域统计制度积累了经验。

1 参见海关总署公告2021年第3号。

对外贸易指数体系更加完善

海关总署自1994年起开始试编我国对外贸易指数[1]，2012年起开始编制中国外贸出口先导指数[2]，这些指数已成为衡量我国对外贸易整体发展情况的重要统计资料。进入新时代，我国以更加开放的姿态积极开展区域性对话与合作，海关也紧跟形势要求，在全局指数的基础上编制区域对外贸易指数，不断完善指数体系。

2019年10月，海关总署统计分析司会同青岛海关、青岛大学，开始研究编制中国对上海合作组织成员国贸易指数[3]（以下简称上合贸易指数）。2021年4月，在2021上海合作组织国际投资贸易博览会暨上海合作组织地方经贸合作青岛论坛上，海关总署正式对外发布上合贸易指数，上合贸易指数网站[4]同步上线运行。该指数为月度指数，从贸易规模、发展速度、贸易质量和贸易主体4个方面合成出口指数、进口指数及进出口综合指数。

2021年5月，海关总署统计分析司会同宁波海关与宁波市航运交易所开展了指数研究。2021年6月7日，在第二届中国－中东欧国家博览会上，海关总署首次发布中国－中东欧国家贸易指数。该指数从贸易规模、贸易结构和贸易对象3个维度合成月度出口价值指数、进口价值指数与进出口价值指数。

2020年，海关总署统计分析司会同南宁海关与广西大学启动中国－东盟贸易指数编制工作。2021年9月11日，在第18届中国－东盟博览会和中国－东盟商务与投资峰会上正式发布该指数。该指数从贸易密切、贸易质量、贸易潜力、贸易活力、贸易环境5个维度合成年度综合指数，不分进出口。

1　参见第四章“九　编制对外贸易指数，参与国民经济核算体系建设”。

2　参见第五章“中国外贸出口先导指数调查”。

3　包含贸易发展指数和贸易景气指数两个子指数，后者正在编制中。

4　http：//sco-tradeindex.customs.gov.cn/ScoIndex/Default.htm.

这些区域对外贸易指数为整体衡量我国与区域成员国货物贸易的实际水平、更好促进经贸关系健康发展、充分挖掘对外贸易增长空间等提供了重要决策参考依据，成为我国对外贸易指数体系的重要组成部分。

自2021年9月起，海关总署门户网站贸易指数栏目开放，数据用户可以在线访问、下载指数报表与分析报告。

七 以用户为中心提供更加优质的海关统计服务

为进一步便利社会公众获取海关统计数据，服务外贸高质量发展，自2018年11月1日起，在定期公布海关统计快报、月报和年报等统计信息的基础上，海关进一步扩大主动公开的统计项目，社会公众可以通过海关总署门户网站链接访问海关统计数据在线查询平台[1]，免注册自助查询按进出口商品、进口原产国（地区）、出口目的国（地区）、海关统计贸易方式以及收发货人注册地等统计项目分类汇总的进出口货物贸易统计数据（见图6-5）。平台支持中英文两种语言，除查询下载统计数据外，还支持查询及下载海关统计商品代码表、国别代码表、贸易方式代码表、地区代码表等统计参数。截至2021年9月，海关统计数据在线查询平台访问量超过7200万表次，充分体现了统计服务的便民、利民特征。

自2018年起，英文快讯、月报在海关总署门户网站英文栏目统计子栏目公布，同时支持下载功能。2019年1月，《海关统计商品目录》手机端查询功能开放，指尖查询更便利。社会公众可以通过海关发布、海关数库等微信公众号查询2002年以来各年度的《海关统计商品目录》、海关主要进出口商品目录以及部分年份的海关统计数据。海关门户网站增加公布海关统计报表编制说明。2019年4月，海关门户网站增列统计服务指南，公开

1　可使用谷歌浏览器或Edge浏览器访问http：//43.248.49.97/。

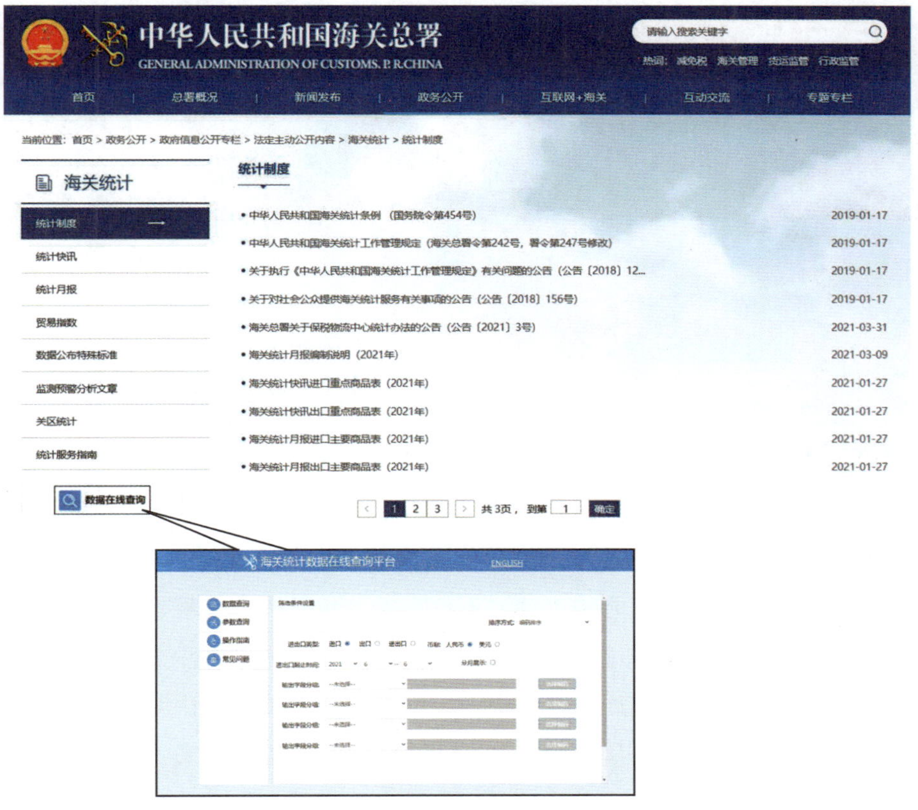

▲ 图6-5　用户可通过海关统计数据在线查询平台查询数据

海关总署和各直属海关统计数据服务申请条件、内容和渠道，为公众查询海关统计数据提供了更多便利，取得了良好的社会效果。为了及时反映我国货物贸易进出口发展情况，2019年9月，海关总署恢复编制《中国海关统计摘要》，这是一本综合性简明统计资料出版物，与《中国海关统计年鉴》配套使用。2020年起，海关门户网站增加中文月报下载功能。2021年9月起，对外贸易指数实现在线查询与下载。社会公众获取海关统计数据的便利性进一步提高。

结束语

穿越百年的荣光，中国海关统计扎根数据之壤，躬稼制度之甸，从一张白纸到满屏皆画，始终与国家对外贸易的发展同频共振，牢牢把握中国改革开放持续深化、加入世界贸易组织、应对国际金融危机、供给侧结构性改革、党和国家机构改革等时代发展大背景，不断赋予自身新的挑战、使命和勃勃生机，几代海关统计人不负重托、顽强拼搏，紧紧抓住海关统计的发展机遇，一项项举措、一个个成果，用坚实的制度托举数据梦想，让世界看到了改革开放后的精彩中国，也成就了海关统计让世人从不解到理解、从未知到熟知、从无用到重用的演变过程。40多年来，海关统计人传承和发扬党的优良传统，坚守"为领导决策服务、为对外贸易服务、为海关管理服务"的初心使命，铸就"忠诚干净担当"的队伍之魂，践行"准确及时、科学完整、国际可比、服务监督"的工作方针，为国家经济发展贡献海关力量。

回望来路足迹，放眼去处征程。在伟大的中国共产党百年华诞之际，站在建设第二个百年目标的新起点上，海关统计人必将继承伟大建党精神，主动对标建设新海关的新要求，担负起真实准确反映对外贸易发展的新使命，以实际行动为中国外贸的发展守疆护航。

推动海关统计制度的进步，我们永不停步。

参考文献

[1]《当代中国》丛书编辑委员会.当代中国海关[M].北京：当代中国出版社，1992.

[2]顾明.中国改革开放辉煌成就十四年：海关卷[M].北京：中国经济法研究会，中国经济出版社，1992.

[3]杨建华.统计原理与海关统计[M].北京：中国统计出版社，1994.

[4]广州市地方志编纂委员会办公室，广州海关志编纂委员会.近代广州口岸经济社会概况——粤海关报告汇集[M].广州：暨南大学出版社，1995.

[5]广州海关编志办公室.广州海关志[M].广州：广东人民出版社，1997.

[6]李延，等.海关估价及贸易统计国际标准[M].北京：中国社会科学出版社，2001.

[7]张丽川.海关统计[M].北京：中国海关出版社，2002.

[8]张丽川.海关统计[M].北京：中国海关出版社，2008.

[9]《中国海关百科全书》编委会.中国海关百科全书[M].北京：中国大百科全书出版社，2004.

[10]贾怀勤.国际贸易统计：理论、规范与实务[M].北京：中国财经出版传媒集团，经济科学出版社，2018.

[11]崔文华.万里海关[M].北京：中国海关出版社，2009.

[12]《中国海关通志》编纂委员会.中国海关通志[M].北京：方志出版

社，2012.

[13]陈郁，陈圆圆.党和国家重视统计概述[J].统计与经济，2012，(3)：62.

[14]宁吉喆.领导干部统计法律读本[M].北京：党建读物出版社，2018.

[15]海关总署统计分析司.改革开放40年中国对外贸易发展报告[M].北京：中国海关出版社有限公司，2018.

[16]中共中央宣传部理论局.中国制度面对面[M].北京：学习出版社，人民出版社，2020.

[17]贾怀勤.贸大统计学科的两个“前后三十年”[M].北京：对外经济贸易大学出版社，2020.

[18]《领导干部统计知识问答》编写组.领导干部统计知识问答（第二版）[M].北京：中国统计出版社，2021.

[19]国家统计局.新中国统计制度方法的发展与改革[M].北京：中国统计出版社，2021.

[20]本书编写组.中国共产党简史[M].北京：人民出版社，中共党史出版社，2021.

[21]本书编写组.改革开放简史[M].北京：人民出版社，中国社会科学出版社，2021.

附　录

一　法规和规范性文件

中华人民共和国海关统计条例

（2005年12月25日中华人民共和国国务院令第454号公布，自2006年3月1日起施行）

第一条　为了科学、有效地开展海关统计工作，保障海关统计的准确性、及时性、完整性，根据《中华人民共和国海关法》和《中华人民共和国统计法》的有关规定，制定本条例。

第二条　海关统计是海关依法对进出口货物贸易的统计，是国民经济统计的组成部分。

海关统计的任务是对进出口货物贸易进行统计调查、统计分析和统计监督，进行进出口监测预警，编制、管理和公布海关统计资料，提供统计服务。

第三条　海关总署负责组织、管理全国海关统计工作。

海关统计机构、统计人员应当依照《中华人民共和国统计法》《中华人民共和国统计法实施细则》及本条例的规定履行职责。

第四条　实际进出境并引起境内物质存量增加或者减少的货物，列入海关统计。

进出境物品超过自用、合理数量的，列入海关统计。

第五条　下列进出口货物不列入海关统计：

（一）过境、转运和通运货物；

（二）暂时进出口货物；

（三）货币及货币用黄金；

（四）租赁期1年以下的租赁进出口货物；

（五）因残损、短少、品质不良或者规格不符而免费补偿或者更换的进出口货物；

（六）海关总署规定的不列入海关统计的其他货物。

第六条　进出口货物的统计项目包括：

（一）品名及编码；

（二）数量、价格；

（三）经营单位；

（四）贸易方式；

（五）运输方式；

（六）进口货物的原产国（地区）、启运国（地区）、境内目的地；

（七）出口货物的最终目的国（地区）、运抵国（地区）、境内货源地；

（八）进出口日期；

（九）关别；

（十）海关总署规定的其他统计项目。

根据国民经济发展和海关监管需要，海关总署可以对统计项目进行调整。

第七条　进出口货物的品名及编码，按照《中华人民共和国海关统计商品目录》归类统计。

进出口货物的数量，按照《中华人民共和国海关统计商品目录》规定的计量单位统计。

《中华人民共和国海关统计商品目录》由海关总署公布。

第八条　进口货物的价格，按照货价、货物运抵中华人民共和国境内输入地点起卸前的运输及其相关费用、保险费之和统计。

出口货物的价格，按照货价、货物运抵中华人民共和国境内输出地点装卸前的运输及其相关费用、保险费之和统计，其中包含的出口关税税额，应当予以扣除。

第九条　进口货物，应当分别统计其原产国（地区）、启运国（地区）和境内目的地。

出口货物，应当分别统计其最终目的国（地区）、运抵国（地区）和境内货源地。

第十条　进出口货物的经营单位，按照在海关注册登记、从事进出口经营活动的法人、其他组织或者个人统计。

第十一条　进出口货物的贸易方式，按照海关监管要求分类统计。

第十二条　进出口货物的运输方式，按照货物进出境时的运输方式统计，包括水路运输、铁路运输、公路运输、航空运输及其他运输方式。

第十三条　进口货物的日期，按照海关放行的日期统计；出口货物的日期，按照办结海关手续的日期统计。

第十四条　进出口货物由接受申报的海关负责统计。

第十五条　海关统计资料包括海关统计原始资料以及以原始资料为基础采集、整理的相关统计信息。

前款所称海关统计原始资料，是指经海关确认的进出口货物报关单及其他有关单证。

第十六条　海关总署应当定期、无偿地向国务院有关部门提供有关综合统计资料。

直属海关应当定期、无偿地向所在地省、自治区、直辖市人民政府有关部门提供

有关综合统计资料。

第十七条 海关应当建立统计资料定期公布制度，向社会公布海关统计信息。

海关可以根据社会公众的需要，提供统计服务。

第十八条 海关统计人员对在统计过程中知悉的国家秘密、商业秘密负有保密义务。

第十九条 当事人有权在保存期限内查询自己申报的海关统计原始资料及相关信息，对查询结果有疑问的，可以向海关申请核实，海关应当予以核实，并解答有关问题。

第二十条 海关对当事人依法应当申报的项目有疑问的，可以向当事人提出查询，当事人应当及时作出答复。

第二十一条 依法应当申报的项目未申报或者申报不实影响海关统计准确性的，海关应当责令当事人予以更正，需要予以行政处罚的，依照《中华人民共和国海关行政处罚实施条例》的规定予以处罚。

第二十二条 本条例自2006年3月1日起施行。

中华人民共和国海关统计工作管理规定

（2006年9月12日海关总署令第153号公布，自2006年11月1日起施行；2018年10月1日根据海关总署令第242号废止）

第一条 为了规范海关统计工作，保证统计数据质量，根据《中华人民共和国海关法》《中华人民共和国海关统计条例》以及有关法律、行政法规的规定，制定本规定。

第二条 海关依法对进出口货物贸易以及进出境物品进行的统计工作，以及涉及进出口货物、进出境物品的其他相关统计工作，适用本规定。

第三条 海关统计工作应当坚持准确及时、科学完整、国际可比的原则。

第四条 海关应当依法开展统计调查，全面收集、审核进出口货物收发货人或者其代理人的原始报关资料，并对统计数据进行汇总、整理。

第五条 海关应当依法对进出口贸易统计数据进行统计分析，研究对外贸易运行特点、趋势和规律。

海关应当根据进出口贸易统计数据以及国内外有关宏观经济统计数据开展进出口实时监测和动态预警工作。

第六条 海关应当利用海关统计数据依法开展统计监督，对企业进出口行为和过程进行监督，对海关执法活动进行分析评估，并检查、纠正虚报、瞒报、伪造、篡改统计资料的行为。

对于海关统计部门发现的问题以及提出的建议，有关部门和单位应当及时处理并作出答复。

第七条 海关应当根据国家有关规定开展统计咨询服务。

除依法公布以及无偿提供的综合统计资料以外，海关提供进出口贸易统计的数据资料实行有偿咨询服务。

第八条 海关统计的范围包括实际进出境并引起境内物质存量增加或者减少的货物，以及依法应当列入统计的物品。

第九条 没有实际进出境或者虽然实际进出境但是没有引起境内物质存量增加或者减少的货物、物品，不列入海关统计。

第十条 下列货物不列入海关统计：

（一）过境货物、转运货物和通运货物；

（二）暂时进出口货物；

（三）用于国际收支手段的流通中的货币以及货币用黄金；

（四）租赁期在1年以下的租赁货物；

（五）由于货物残损、短少、品质不良或者规格不符而由该进出口货物的承运人、发货人或者保险公司免费补偿或者更换的同类货物；

（六）退运货物；

（七）边民互市贸易进出口货物；

（八）中国籍船舶在公海捕获的水产品；

（九）中国籍船舶或者飞机在境内添装的燃料、物料、食品；中国籍或者外国籍的运输工具在境外添装的燃料、物料、食品以及放弃的废旧物料等；

（十）无商业价值的货样或者广告品；

（十一）海关特殊监管区域之间、保税监管场所之间以及海关特殊监管区域和保税监管场所之间转移的货物；

（十二）其他不列入海关统计的货物。

第十一条 下列物品不列入海关统计：

（一）修理物品；

（二）打捞物品；

（三）进出境旅客的自用物品（汽车除外）；

（四）我国驻外国和外国驻我国使领馆进出境的公务物品以及使领馆人员的自用物品；

（五）我国驻香港和澳门特别行政区军队进出境的公务物品以及军队人员的自用物品；

（六）其他不列入海关统计的物品。

第十二条 对于不列入海关统计的货物、物品，海关可以根据管理需要实施单项统计。

单项统计的数量和金额不计入海关统计的数量和总值。

第十三条 根据国民经济发展和海关监管需要，海关可以调整进出口货物以及进出境物品的统计项目；对进出口货物以及进出境物品的部分统计项目进行长期或者阶段性统计。

调整统计项目的，由海关总署发布公告。

第十四条 海关统计项目的商品名称以及编码应当按照《中华人民共和国海关统计商品目录》所列的商品名称以及编码进行归类统计。

《中华人民共和国海关统计商品目录》由海关总署公布。

第十五条 进出口货物应当按照《中华人民共和国海关统计商品目录》规定的计量单位统计数（重）量。

货物在《中华人民共和国海关统计商品目录》中列有第二计量单位的，应当同时按照第二计量单位统计其第二数（重）量。

第十六条 进出口货物的价格以海关审定的完税价格为基础进行统计。

进口货物的价格按照成本、保险费加运费价格（CIF价格）进行统计，出口货物的价格按照船上交货价格（FOB价格）进行统计。

第十七条 进出口货物的价格分别按照美元和人民币统计。进出口货物的价格以其他外币计价的，应当分别按照国家外汇管理部门按月公布的各种外币对美元的折算率以及海关征税适用的中国银行折算价，折算成美元值和人民币值进行统计。

第十八条 进口货物的原产国（地区）按照《中华人民共和国进出口货物原产地条例》以及海关总署有关规定进行统计。

进口货物原产国（地区）无法确定的，按照“国别不详”进行统计。

第十九条 出口货物的最终目的国（地区）按照出口货物已知的消费、使用或者进一步加工制造的国家（地区）进行统计。

不经过第三国（地区）转运的出口直接运输货物，以直接运抵的国家（地区）为最终目的国（地区）。

经过第三国（地区）转运的出口货物，以最后运往国（地区）为最终目的国（地区）。

出口货物不能确定最终目的国（地区）的，按照出口时尽可能预知的最后运往国（地区）进行统计。

第二十条 进口货物的启运国（地区）按照货物起始发出直接运抵我国或者在运输中转国（地区）未发生任何商业交易的情况下运抵我国的国家（地区）进行统计。

不经过第三国（地区）转运的直接运输货物，以进口货物的装货港所在国（地区）为启运国（地区）。

经过第三国（地区）转运的进出口货物，未在中转国（地区）发生商业交易的，以进口货物的始发国（地区）为启运国（地区）；在中转国（地区）发生商业交易的，以中转国（地区）作为启运国（地区）。

第二十一条 出口货物的运抵国（地区）按照出口货物从我国直接运抵或者在运输中转国（地区）未发生任何商业交易的情况下最后运抵的国家（地区）进行统计。

不经过第三国（地区）转运的直接运输货物，以出口货物的指运港所在国（地区）为运抵国（地区）。

经过第三国（地区）转运的进出口货物，未在中转国（地区）发生商业交易的，以出口货物的最终目的国（地区）为运抵国（地区）；在中转国（地区）发生商业交易的，以中转国（地区）作为运抵国（地区）。

第二十二条 进口货物的境内目的地按照进口货物在我国境内的消费、使用地或者最终运抵地进行统计，其中最终运抵地为最终使用单位所在的地区。

最终使用单位难以确定的，按照货物进口时预知的最终收货单位所在地进行统计。

第二十三条 出口货物的境内货源地按照出口货物在我国境内的产地或者原始发货地进行统计。

出口货物在境内多次转换运输工具、难以确定其生产地的，按照最早发运该出口货物的单位所在地进行统计。

第二十四条 经营单位按照已经在海关注册登记、从事进出口经营活动的境内法人、其他组织或者个人进行统计。

在海关注册登记、有权经营进出口业务的经营单位，注册登记的海关应当为其设置全国通用的经营单位代码。

经营单位代码由经营单位所在地主管海关负责管理。

第二十五条 海关统计的贸易方式及单项统计的货物（见附件）按照进出口货物买卖双方交易形式以及海关监管要求进行分类统计。

海关根据国民经济发展和海关监管需要对贸易方式进行调整的，由海关总署发布公告。

第二十六条 运输方式按照水路运输、铁路运输、公路运输、航空运输、邮件运输和其他运输等方式进行统计。

进境货物的运输方式应当按照货物运抵我国境内第一个口岸时的运输方式进行统计；出境货物的运输方式应当按照货物运离我国境内最后一个口岸时的运输方式进行统计。

进出境旅客随身携带的货物，按照旅客所乘运输工具进行统计。

非邮政方式进出口的快递货物，按照实际运输方式统计。

以人扛、畜驮、管道、电缆、输送带等方式运输的货物，按照其他运输方式进行统计。

第二十七条 进口货物按照海关放行日期进行统计；出口货物按照海关结关日期进行统计。

进口转关运输货物按照指运地海关放行的日期进行统计；出口转关运输货物按照

启运地海关的结关日期进行统计。

海关统计月报和年报等统计资料分别按照公历月和公历年汇总编制。

第二十八条 进出口货物按照接受申报的海关进行统计。

进口转关运输货物按照接受申报的指运地海关进行统计；出口转关运输货物按照接受申报的启运地海关进行统计。

第二十九条 海关统计原始资料包括经海关确认的《中华人民共和国海关进口货物报关单》《中华人民共和国海关出口货物报关单》《中华人民共和国海关保税区进境货物备案清单》《中华人民共和国海关保税区出境货物备案清单》《中华人民共和国海关出口加工区进境货物备案清单》《中华人民共和国海关出口加工区出境货物备案清单》等报关单证、随附单证及有关的电子数据。

除特殊情况外，海关统计纸质原始资料自进出口货物解除监管之日起保存3年；海关统计电子数据长期保存。

全国海关统计资料由海关总署综合统计部门负责管理，各直属海关统计资料由该直属海关的统计部门负责管理。

第三十条 海关统计信息是以海关统计原始资料为基础采集、整理的相关统计信息。

海关应当定期向社会公布统计信息，并于每年的12月将下一年度月报、年报等统计资料的公布时间对外公告。

第三十一条 海关总署应当定期、无偿地向国务院有关部门提供有关综合统计资料。直属海关应当定期、无偿地向所在地省、自治区、直辖市人民政府有关部门提供有关综合统计资料。

海关综合统计资料包括下列内容：

（一）各地区进出口总值表；

（二）进出口商品贸易方式总值表；

（三）国别（地区）进出口总值表；

（四）主要商品进出口量值表；

（五）进出口贸易方式企业性质总值表；

（六）运输方式进出口总值表；

（七）反映进出口总体进度的分析报告、进出口监测预警信息等。

第三十二条 海关统计人员对在统计过程中知悉的国家秘密、商业秘密、海关工作秘密负有保密义务。

第三十三条 未经海关授权，任何单位或者个人不得擅自销售海关统计资料和海关统计电子数据。

第三十四条 海关统计部门对统计原始资料中的申报内容有疑问的，可以直接向当事人提出查询，核实有关内容，当事人应当及时据实作出答复。

依法应当申报的统计项目未申报或者申报不实影响海关统计准确性的，除依法予以处理外，海关应当责令当事人予以更正。

第三十五条 海关统计人员应当遵守《中华人民共和国海关法》和《中华人民共和国统计法》的规定，不得自行、参与或者授意篡改海关统计资料、编造虚假数据。

海关统计人员有权拒绝、揭发和制止影响海关统计客观性、真实性的人为干扰。

第三十六条 海关统计人员玩忽职守、滥用职权、徇私舞弊的，依法给予处分；构成犯罪的，依法追究刑事责任。

第三十七条 依法应当申报的项目未申报或者申报不实影响海关统计准确性的，除责令当事人予以更正外，需要予以行政处罚的，依照《中华人民共和国海关行政处罚实施条例》的规定予以处罚。

第三十八条 本规定由海关总署负责解释。

第三十九条 本规定自2006年11月1日起施行。1994年11月21日发布的《中华人民共和国海关统计制度》同时废止。

附件：1.海关统计的贸易方式

2.单项统计的货物

附件1

海关统计的贸易方式

1.一般贸易

2.国家间或者国际组织间无偿援助、赠送的物资

3.捐赠物资

4.补偿贸易

5.来料加工装配贸易

6.进料加工贸易

7.寄售、代销贸易

8.边境小额贸易

9.加工贸易进口设备

10.对外承包工程出口货物

11.租赁贸易

12.外商投资企业作为投资进口的设备或者物品

13.出料加工贸易

14.易货贸易

15.免税外汇商品

16.保税仓库进出境仓储转口货物

17.保税区进出境仓储转口货物
18.出口加工区进口设备
19.其他

附件2

单项统计的货物

1.免税品
2.加工贸易成品油形式出口复进口
3.进料加工转内销货物
4.来料加工转内销货物
5.加工贸易转内销设备
6.进料深加工结转货物
7.来料深加工结转货物
8.加工贸易结转设备
9.进料加工结转余料
10.来料加工结转余料
11.退运货物
12.进料加工复出口料件
13.来料加工复出口料件
14.加工贸易退运设备
15.保税区运往非保税区货物
16.非保税区运入保税区货物
17.保税区退区货物
18.保税仓库转内销货物
19.境内存入出口监管仓库货物
20.出口监管仓库退仓货物
21.出口加工区运往区外的货物
22.区外运入出口加工区的货物
23.保税物流园区运往区外的货物
24.从区外运入保税物流园区的货物
25.从保税物流中心（A、B型）运往中心外的货物
26.从中心外运入保税物流中心（A、B型）的货物
27.过境货物
28.其他需要单项统计的货物

中华人民共和国海关统计工作管理规定

（2018年8月17日海关总署令第242号公布，自2018年10月1日起施行；2020年12月23日根据海关总署令第247号修改，自2021年2月1日起施行）

第一章 总 则

第一条 为了科学、有效地开展海关统计工作，保障海关统计的真实性、准确性、完整性和及时性，发挥海关统计服务宏观决策、对外贸易和经济社会发展的作用，根据《中华人民共和国海关法》《中华人民共和国统计法》《中华人民共和国海关统计条例》《中华人民共和国统计法实施条例》以及有关法律、行政法规，制定本规定。

第二条 海关对进出口货物、进出境物品以及有关海关业务的统计工作，适用本规定。

第三条 海关统计工作坚持准确及时、科学完整、国际可比的原则。

第四条 海关对实际进出境并引起境内物质存量增加或者减少的货物实施进出口货物贸易统计；根据管理需要，对其他海关监管货物实施单项统计；对海关进出境监督管理活动和内部管理事务实施海关业务统计。

第五条 海关工作人员对在统计过程中知悉的国家秘密、商业秘密、海关工作秘密负有保密义务。

第二章 统计调查与统计监督

第六条 海关根据统计工作需要，可以向进出口货物的收发货人或者其代理人以及有关政府部门、行业协会和相关企业等统计调查对象开展统计调查。

统计调查对象应当配合海关统计调查，提供真实、准确、完整的有关资料和信息。

第七条 海关利用行政记录全面采集统计原始资料。行政记录不能满足统计调查需要的，海关通过抽样调查、重点调查和补充调查等方法采集统计原始资料。

第八条 对统计调查中获得的统计原始资料，海关可以进行整理、筛选和审核。

第九条 海关对统计原始资料有疑问的，可以直接向统计调查对象提出查询，收集相关资料，必要时可以实地检查、核对。

海关可以委托社会中介机构收集有关资料或者出具专业意见。

第十条 海关运用统计数据，对业务运行情况和海关执法活动进行监测、评估，为海关管理提供决策依据。

第十一条 海关可以运用统计数据开展以下工作：

（一）对进出口商品等情况进行监测；

（二）对进出口企业贸易活动进行监督，依法处置弄虚作假行为。

第十二条 海关统计监督结果可以作为评估海关业务运行绩效、实施风险管理的依据[1]。

第三章 统计分析与统计服务

第十三条 海关应当对统计数据进行分析，研究对外贸易和海关业务运行特点、趋势和规律，开展动态预警工作。

第十四条 海关应当综合运用定量与定性等统计分析方法，对统计数据进行加工整理，形成分析报告。

海关可以联合其他政府部门、科研机构、行业协会等共同开展统计分析。

第十五条 海关总署向党中央、国务院报送海关统计快报、月报、分析报告等统计信息。

第十六条 海关总署与国务院其他部门共享全国海关统计信息。经海关总署批准，各直属海关统计信息根据地方政府实际需要予以共享。

第十七条 海关统计快报、月报、年报等统计信息通过海关门户网站、新闻发布会等便于公众知晓的方式向社会公布。

海关总署每年12月对外公告下一年度向社会公布海关统计信息的时间。

第十八条 除依法主动公开的海关统计信息外，海关可以根据社会公众的需要，提供统计服务。

第十九条 海关应当建立统计信息发布前的审查机制，涉及国家秘密、商业秘密、海关工作秘密的统计信息不得对外公布或者提供。

第四章 统计资料编制与管理

第二十条 海关总署负责管理全国海关统计资料。直属海关负责管理本关区统计资料。

第二十一条 根据国民经济发展和海关监管需要，海关可以对统计项目进行调整。

第二十二条 海关统计快报、月报和年报等统计资料分别按照公历月和公历年汇总编制。

第二十三条 海关统计电子数据以及海关统计月报、年报等海关统计信息永久保存。

第五章 附 则

第二十四条 海关工作人员不得自行、参与或者授意篡改海关统计资料、编造虚假数据。

---

1 根据海关总署令第247号修改，原为“海关统计监督结果可以用于评估海关业务运行绩效，并作为海关实施风险管理、企业信用管理以及行政处罚等执法措施的依据”。

海关工作人员在统计工作中玩忽职守、滥用职权、徇私舞弊的，依法给予处分；构成犯罪的，依法追究刑事责任。

第二十五条 依法应当申报的项目未申报或者申报不实影响海关单项统计准确性的，由海关予以警告或者处1000元以上1万元以下罚款。

第二十六条 统计调查对象拒绝、阻碍统计调查，或者提供不真实、不准确、不完整的统计原始资料，或者转移、藏匿、篡改、毁弃统计原始资料的，依照《中华人民共和国统计法》的有关规定处理。

第二十七条 本规定下列用语的含义：

海关统计资料，是指海关统计原始资料以及以海关统计原始资料为基础采集、整理的海关统计信息。

海关统计原始资料，是指经海关确认的《中华人民共和国进出口货物报关单》等报关单证及其随附单证和其他相关资料，以及海关实施抽样调查、重点调查和补充调查采集的原始资料。

海关统计信息，是指海关统计电子数据、海关统计快报、月报、年报以及海关统计分析报告等信息。

第二十八条 本规定由海关总署负责解释。

第二十九条 本规定自2018年10月1日起施行。2006年9月12日以海关总署令第153号公布的《中华人民共和国海关统计工作管理规定》同时废止。

关于执行《中华人民共和国海关统计工作管理规定》有关问题的公告

（海关总署公告2018年第125号）

根据《中华人民共和国海关统计工作管理规定》（海关总署令第242号）的规定，现将进出口货物贸易统计原始资料、进出口货物贸易统计项目、进出口货物贸易统计贸易方式、不列入进出口货物贸易统计的货物和实施海关单项统计的货物（见附件1—5）予以发布。

本公告自2018年10月1日起施行。

特此公告。

附件：1.进出口货物贸易统计原始资料

2.进出口货物贸易统计统计项目

3.进出口货物贸易统计贸易方式

4.不列入进出口货物贸易统计的货物

5.实施海关单项统计的货物

海关总署

2018年9月30日

附件1

进出口货物贸易统计原始资料

1.《中华人民共和国海关进（出）口货物报关单》
2.《中华人民共和国海关进（出）境货物备案清单》
3.《中华人民共和国海关跨境电子商务零售进（出）口商品申报清单》
4.《中华人民共和国海关进（出）境快件货物报关单》
5.边民互市进（出）境货物申报单证
6.其他经海关确认的与进出口货物相关的单证及资料
7.海关公布的其他统计调查表式
8.其他编制进出口货物贸易统计所需要的资料

以上统计原始资料同样适用于海关单项统计。

附件2

进出口货物贸易统计项目

一、品名及编码

进出口货物的名称以及编码按照《中华人民共和国海关统计商品目录》所列的商品名称以及编码进行归类统计。

《中华人民共和国海关统计商品目录》由海关总署公布。

二、统计数量

进出口货物的数量按照《中华人民共和国海关统计商品目录》规定的计量单位统计。

三、统计价格

进口货物的价格，按照货价、货物运抵中华人民共和国境内输入地点起卸前的运输及其相关费用、保险费之和统计。

出口货物的价格按照货价、货物运抵中华人民共和国境内输出地点装卸前的运输及其相关费用、保险费之和统计。

进出口货物的价格分别按照人民币和美元统计。进出口货物的价格以其他外币计价的，应当分别按照海关征税适用的各种外币对人民币的计征汇率和国家外汇管理部门按月公布的各种外币对美元的折算率，折算成人民币值和美元值进行统计。

四、原产国（地区）

进出口货物的原产国（地区）按照《中华人民共和国进出口货物原产地条例》以及海关总署有关规定进行统计。

进出口货物原产国（地区）无法确定的，按照“国别不详”统计。

五、最终目的国（地区）

出口货物的最终目的国（地区）按照出口货物已知的消费、使用或者进一步加工制造的国家（地区）统计。

不经过第三国（地区）转运的出口直接运输货物，按照直接运抵的国家（地区）统计。

经过第三国（地区）转运的出口货物，按照最后运往国（地区）统计。

出口货物不能确定最终目的国（地区）的，按照出口时尽可能预知的最后运往国（地区）统计。

六、启运国（地区）

进口货物的启运国（地区）按照货物起始发出直接运抵我国或者在运输中转国（地区）未发生任何商业交易的情况下运抵我国的国家（地区）统计。

不经过第三国（地区）转运的直接运输货物，按照进口货物的装货港所在国（地区）统计。

经过第三国（地区）转运的进口货物，未在中转国（地区）发生商业交易的，按照进口货物的始发国（地区）统计；在中转国（地区）发生商业交易的，按照中转国（地区）统计。

七、运抵国（地区）

出口货物的运抵国（地区）按照出口货物从我国直接运抵或者在运输中转国（地区）未发生任何商业交易的情况下最后运抵的国家（地区）统计。

不经过第三国（地区）转运的直接运输货物，按照出口货物的指运港所在国（地区）统计。

经过第三国（地区）转运的出口货物，未在中转国（地区）发生商业交易的，按照出口货物的最终目的国（地区）统计；在中转国（地区）发生商业交易的，以中转国（地区）统计。

八、贸易国（地区）

进出口货物的贸易国（地区）按照对外贸易中与境内企业签订贸易合同的外方所属的国家（地区）统计。

进口统计购自国（地区），出口统计售予国（地区）。未发生商业性交易的，按照货物所有权拥有者所属的国家（地区）统计。

九、境内目的地

进口货物的境内目的地按照进口货物在我国境内的消费、使用地或者最终运抵地统计，其中最终运抵地为最终使用单位所在的地区。

最终使用单位难以确定的，按照货物进口时预知的最终收货单位所在地统计。

十、境内货源地

出口货物的境内货源地按照出口货物在我国境内的产地或者原始发货地统计。

出口货物在境内多次转换运输工具、难以确定其生产地的，按照最早发运该出口货物的单位所在地统计。

十一、收发货人

进出口货物的收发货人按照已经在海关注册登记、从事进出口经营活动的境内法人、其他组织或者个人进行统计。

十二、贸易方式

进出口货物的贸易方式，按照买卖双方交易形式及海关监管要求分类统计。

十三、运输方式

进出口货物的运输方式按照水路运输、铁路运输、公路运输、航空运输、邮件运输和其他运输等方式统计。

进境货物的运输方式应当按照货物运抵我国境内第一个口岸时的运输方式统计；出境货物的运输方式应当按照货物运离我国境内最后一个口岸时的运输方式统计。

海关根据管理和单项统计需要，设置货物境内流转运输方式。

十四、统计日期

进口货物的日期按照海关报关单证放行日期统计；出口货物的日期按照海关报关单证结关日期统计。

十五、关别

进出口货物的报关关别按照接受申报的海关统计。

进出口货物的进出境关别按照货物进出境的口岸海关统计。

十六、毛重与净重

进出口货物的毛重按货物本身的实际重量及其包装材料的重量之和统计。

进出口货物的净重按货物本身的实际重量统计。

十七、品牌类型

进出口货物的品牌类型按进出口货物的品牌属性分类统计。

以上统计项目同样适用于海关单项统计。

附件3

进出口货物贸易统计贸易方式

1.一般贸易

2.国家间或者国际组织间无偿援助、赠送的物资

3.其他捐赠物资

4.补偿贸易

5.来料加工贸易

6.进料加工贸易

7.寄售、代销贸易

8.边境小额贸易

9.加工贸易进口设备

10. 对外承包工程出口货物
11. 租赁贸易
12. 外商投资企业作为投资进口的设备、物品
13. 出境加工贸易
14. 易货贸易
15. 免税外汇商品
16. 免税品
17. 海关保税监管场所进出境货物
18. 海关特殊监管区域物流货物
19. 海关特殊监管区域进口设备
20. 其他

附件4

不列入进出口货物贸易统计的货物

1. 过境货物、转运货物和通运货物
2. 暂时进出口货物
3. 用于国际收支手段的流通中的货币以及货币用黄金
4. 租赁期在1年以下的租赁货物
5. 由于货物残损、短少、品质不良或者规格不符而由该进出口货物的承运人、发货人或者保险公司免费补偿或者更换的同类货物
6. 退运货物
7. 中国籍船舶在公海捕获的水产品
8. 中国籍船舶或者飞机在境内添装的燃料、物料、食品
9. 中国籍或者外国籍的运输工具在境外添装的燃料、物料、食品以及放弃的废旧物料等
10. 无商业价值的货样或者广告品
11. 海关特殊监管区域之间、保税监管场所之间以及海关特殊监管区域和保税监管场所之间转移的货物
12. 检测、修理物品
13. 打捞物品
14. 进出境旅客的自用物品（汽车除外）
15. 我国驻外国和外国驻我国使领馆进出境的公务物品以及使领馆人员的自用物品
16. 其他以有形实物方式进出境的服务贸易项下货物
17. 其他不列入海关统计的货物

附件5

实施海关单项统计的货物

1. 加工贸易成品油形式出口复进口
2. 进料加工转内销货物
3. 来料加工转内销货物
4. 加工贸易转内销设备
5. 进料深加工结转货物
6. 来料深加工结转货物
7. 加工贸易结转设备
8. 进料加工结转余料
9. 来料加工结转余料
10. 退运货物
11. 进料加工复出口料件
12. 来料加工复出口料件
13. 加工贸易退运设备
14. 保税区运往非保税区货物
15. 非保税区运入保税区货物
16. 保税区退区货物
17. 保税仓库转内销货物
18. 境内存入出口监管仓库货物
19. 出口监管仓库退仓货物
20. 出口加工区运往区外的货物
21. 区外运入出口加工区的货物
22. 保税物流园区运往区外的货物
23. 区外运入保税物流园区的货物
24. 保税物流中心（A、B型）运往中心外的货物
25. 从中心外运入保税物流中心（A、B型）的货物
26. 综合保税区运往区外的货物
27. 区外运入综合保税区的货物
28. 保税港区运往区外的货物
29. 区外运入保税港区的货物
30. 综合实验区经二线指定申报通道运往区外的货物
31. 区外经二线指定申报通道运入综合试验区的货物
32. 综合实验区内选择性征收关税的货物

33.保税维修货物

34.中哈霍尔果斯国际边境合作中心中方区域与境内中心外往来的货物

35.内地输往深港西部通道港方口岸区的水电

36.跨境运输的内贸货物

37.向海关申报的定制型软件、检测报告、蓝图及类似品

38.过境货物

39.其他需要实施海关单项统计的货物

关于发布《海关统计经济区划编码规则》行业标准的公告

（海关总署公告2019年第40号）

根据《中华人民共和国海关行业标准管理办法（试行）》（海关总署令第140号公布，根据海关总署令第235号修改），海关总署发布海关行业标准《海关统计经济区划编码规则》，编号HS/T 59—2019（见附件）。本标准自2019年8月1日起实施。

特此公告。

附件：海关统计经济区划编码规则

海关总署

2019年3月4日

附件

海关统计经济区划编码规则

前　言

本标准按照GB/T 1.1–2009、HS/T 1–2011给出的规则起草。

本标准由中华人民共和国海关总署统计分析司提出。

本标准由中华人民共和国海关总署政策法规司归口。

本标准主要起草单位：海关总署统计分析司、青岛海关。

本标准主要起草人：李魁文、金弘蔓、翟小元、李芊、季阳、廖健、尚文、贾海萍、刘晓飞、张坤。

引　言

按照国内经济区划分类汇总的进出口贸易统计资料是重要的海关统计资料之一，是海关服务国家对外开放大局与地方经济发展的重要体现。

为准确编制企业经营所在行政区域的进出口贸易统计资料，反映经济技术开发区、高新技术产业开发区、自由贸易试验区以及各类海关特殊监管区域的特征信

息，海关总署设立新的统计指标“海关统计经济区划”，制定海关统计经济区划编码规则。

海关统计经济区划编码规则的制定，有利于各级海关编制按经济区划分类统计的进出口统计资料，确保海关统计资料既能向前追溯，衔接历史统计资料，也能向后延伸，适应未来新的发展需求，满足各个不同角度的统计资料编制和海关管理要求，为深化改革、研究经济发展政策、评估对外开放质量效益提供决策依据。

海关统计经济区划编码规则

1 范围

本标准规定了海关统计经济区划的代码结构和编制规则。

本标准适用于对海关统计经济区划的编码、信息处理和信息共享。

2 规范性引用文件

下列文件对于本文件的应用是必不可少的。凡是注明日期的引用文件，仅所注日期的版本适用于本文件。凡是不注明日期的引用文件，其最新版本（包括所有的修改单）适用于本文件。

中华人民共和国民政部.中华人民共和国行政区划代码（截至2017年12月31日）.http：//www.mca.gov.cn/article/sj/xzqh//1980/。

3 术语和定义

下列术语和定义适用于本文件。

3.1 海关统计经济区划 customs statistical economic zone

有明确管理范围，由政府集中统一规划，对区域内专门设置某类特定行业企业或特定业态单位等进行统一管理及可实行不同于区域外差异化政策的由国务院批准设立的指定区域，以及由海关总署批准设立的保税物流中心等海关保税监管场所。

3.2 海关统计经济区划代码 the identifier for customs statistical economic zone

每一个海关统计经济区划在全国范围内拥有唯一的、不变的识别标识码，是海关统计经济区划中文名称所对应的字符型编码。

4 代码结构

海关统计经济区划（以下简称经济区划）代码由阿拉伯数字和大写英文字母组成（不使用I、O、Z、S、V，下同），采用5层8位层次码结构。按层次分别为第1–4位为行政区划码，第5位为区域特征码，第6位为经济特征码，第7位为海关特殊监管区域特征码，第8位为附加码。

具体代码样式见表1。

表1　海关统计经济区划代码样式

代码序号	1	2	3	4	5	6	7	8
代码	×	×	×	×	×	×	×	×
说明	行政区划码4位数字代码				区域特征码1位	经济特征码1位	海关特殊监管区域特征码1位	附加码1位

5　编码规则

5.1　第1–4位：行政区划码

行政区划码为第1层，表示该经济区划所在的行政辖区，由4位数字代码组成。第1–2位与《中华人民共和国行政区划代码》的行政区划代码第1–2位相同，第3–4位以行政区划代码表中的第3–4位为基础，根据海关统计需要而设。海关统计经济区划中的行政区划名称及对应的代码参见附录A（略）。

5.2　第5位：区域特征码

区域特征码为第2层，表示该经济区划所属的区域分类，由1位数字或大写字母代码组成，见表2。如区域存在叠加，则按自贸区、实验区或试验区、新区为先后顺序设置代码。海关统计经济区划中的各类区域名称及对应的代码参见附录B（略）。

表2　区域特征码

区域特征码	区域分类
F	自贸区
P	实验区或试验区
N	新区
9	无特定含义

5.3　第6位：经济特征码

经济特征码为第3层，表示该经济区划所属的经济区域分类，由1位数字或大写字母代码组成，见表3。海关统计经济区划中的经济区域名称及对应的代码参见附录C（略）。

表3　经济特征码

经济特征码	区域分类
3	经济技术开发区
3	高新技术产业开发区
H	边境跨境经济合作区
9	无特定含义

5.4 第7位：海关特殊监管区域特征码

海关特殊监管区域特征码为第4层，表示该经济区划所属的海关特殊监管区域类型（包含保税物流中心，下同），由1位数字或大写字母代码组成，见表4。海关统计经济区划中的海关特殊监管区域名称及对应的代码参见附录D（略）。

表4 海关特殊监管区域特征码

海关特殊监管区域特征码	海关特殊监管区域类型
4	保税区
5	出口加工区
6	综合保税区或保税港区
7	保税物流区
W	保税物流中心
8	跨境园区
9	无特定监管区域

5.5 第8位：附加码

附加码为第5层，表示该经济区划下辖的各个片区，由1位数字或大写字母代码组成。无特定经济区划含义的，设为数字“9”。

5.6 代码示例

参见附录E（略）。

关于发布《海关统计贸易方式代码》等5项海关行业标准的公告

（海关总署公告2019年第201号）

根据《中华人民共和国海关行业标准管理办法（试行）》（海关总署令第140号公布，根据海关总署令第235号修改），海关总署发布《海关统计贸易方式代码》等5项海关行业标准（标准目录见附件）。本批标准自2020年6月1日起实施。

以上发布的标准文本可通过中国技术性贸易措施网站（http：//www.tbtsps.cn）标准栏目查阅。

特此公告。

附件：海关行业标准编号名称表

海关总署

2019年12月19日

附件

海关行业标准编号名称表

序号	海关标准编号	海关标准名称	批准日期	实施日期
1	HS/T 60—2019	《海关统计贸易方式代码》	2019年12月19日	2020年6月1日
2	HS/T 61—2019	《海关统计运输方式代码》	2019年12月19日	2020年6月1日
3	HS/T 62—2019	《印刷电路板（PCB）废碎料中铜含量测定方法——波长色散型X射线荧光光谱法》	2019年12月19日	2020年6月1日
4	HS/T 63—2019	《硅电钢平板轧材取向性的定性分析方法》	2019年12月19日	2020年6月1日
5	HS/T 64—2019	《铁基合金带材的晶态定性分析方法》	2019年12月19日	2020年6月1日

附件1

海关统计贸易方式代码

（HS/T 60—2019）

前　言

本标准按照GB/T 1.1—2009、HS/T 1—2011给出的规则起草。

本标准由中华人民共和国海关总署统计分析司提出。

本标准由中华人民共和国海关总署政策法规司归口。

本标准主要起草单位：海关总署统计分析司、厦门海关。

本标准主要起草人：李魁文、乔进明、翟小元、李芊、齐卫国、赵波、陈仲雄、杜智勇、吴罗娜、袁荣平。

引　言

按照贸易方式分类汇总的进出口贸易统计资料是最重要的海关统计资料之一，是海关服务国家对外贸易与经济发展的重要体现。其中，贸易方式既是判断统计口径的关键指标，也是重要的统计分析指标。通过分析贸易方式，可以客观呈现我国对外贸易基本情况，了解贸易发展水平，对于国家制定贸易政策具有重要意义。

为准确编制贸易方式的进出口贸易统计资料，反映当前国际贸易中买卖双方交易的具体形式，根据我国对外贸易统计和海关管理的实际需要，海关总署设立“海关统

计贸易方式”统计指标，制定海关统计贸易方式代码。

海关统计贸易方式代码的制定，有利于促进我国国际贸易信息交流，有利于适应国际贸易的主要发展方向和进出口企业的推行使用，同时，可确保海关统计资料既能向前追溯，衔接历史统计资料，也能向后延伸，适应未来新的发展需求，满足各个不同角度的统计资料编制和海关管理要求，为评估对外开放质量、制定经济政策、维护国门安全、推进改革发展提供精准数据。

海关统计贸易方式代码

1　范围

本标准规定了海关统计贸易方式的代码结构、代码表和代码的含义。

本标准适用于对海关统计贸易方式的代码编制、信息处理和信息共享。

2　规范性引用文件

下列文件对于本文件的应用是必不可少的。凡是注明日期的引用文件，仅所注日期的版本适用于本文件。凡是不注明日期的引用文件，其最新版本（包括所有的修改单）适用于本文件。

GB/T 15421中华人民共和国国际贸易方式代码

3　术语和定义

下列术语和定义适用于本文件。

3.1　海关统计贸易方式customs statistical trade mode

按照买卖双方交易形式及海关监管要求确定，仅适用于进出境有形实物的贸易方式。具体的海关统计贸易方式及含义见附录A。

3.2　海关统计贸易方式代码code for customs statistical trade mode

每一个海关统计贸易方式在全国范围内拥有唯一的、不变的识别标识码，是海关统计贸易方式中文名称所对应的数字代码。

4　代码结构

参照GB/T 15421代码规则，海关统计贸易方式采用等长两位数字代码结构，对应海关监管方式代码后2位。

5　贸易方式代码表

海关统计贸易方式代码见表1。海关统计贸易方式代码的含义见附录A。

表1　海关统计贸易方式代码表

贸易方式代码	贸易方式中文名称
10	一般贸易
11	国家间、国际组织间无偿援助、赠送的物资
12	其他捐赠物资

续表

贸易方式代码	贸易方式中文名称
13	补偿贸易
14	来料加工贸易
15	进料加工贸易
16	寄售代销贸易
19	边境小额贸易
20	加工贸易进口设备
22	对外承包工程出口货物
23	租赁贸易
25	外商投资企业作为投资进口的设备、物品
27	出料加工贸易
30	易货贸易
31	免税外汇商品
33	海关保税监管场所进出境货物
34	海关特殊监管区域物流货物
35	海关特殊监管区域进口设备
39	其他贸易
41	免税品
42	加工贸易成品油形式出口复进口货物
44	进料加工转内销货物
45	来料加工转内销货物
46	加工贸易转内销设备
54	进料深加工结转货物
55	来料深加工结转货物
56	加工贸易设备结转
57	进料加工余料结转
58	来料加工余料结转
61	退运货物
64	进料加工复出口料件
65	来料加工复出口料件
66	加工贸易退运设备
71	保税维修
00	其他不列入贸易统计货物

附录A
（规范性附录）
海关统计贸易方式代码的含义

A.1 代码10 一般贸易

至我国境内进出口收发货人单边进口或单边出口的货物。

A.2 代码11 国家间、国际组织间无偿援助、赠送的物资

指中国根据两国政府间的协议或临时决定，对外提供无偿援助、捐赠品或中国政府、组织基于友好关系向对方国家政府、组织赠送的物资，以及中国政府、组织接受国际组织、外国政府或组织无偿援助、捐赠或赠送的物资。

A.3 代码12 其他捐赠物资

指捐赠人（政府和国际组织除外）以扶贫、慈善、救灾为目的捐赠的直接用于扶贫、救灾、兴办公益福利事业的物资。

A.4 代码13 补偿贸易

指由境外厂商提供或者利用国外出口信贷进口生产技术或设备，我方企业（包括“外商投资企业”）进行生产，以返销其产品的方式分期偿还对方技术、设备价款或贷款本息的交易方式。包括经国家商务主管部门批准，使用该企业（企业联合体）所生产的其他产品返销给对方，进行间接补偿。

A.5 代码14 来料加工贸易

指由外商提供全部或部分原材料、辅料、零部件、元器件、配套件和包装物料，必要时提供设备，由中方按对方的要求进行加工装配，成品交对方销售，中方收取工缴费。包括海关特殊监管区域企业以来料加工贸易方式进口及出口的货物。

A.6 代码15 进料加工贸易

指中方购买进口的原料、材料、辅料、元器件、零部件、配套件和包装物料，加工成品或半成品后再外销出口的交易形式。包括海关特殊监管区域企业从境外进口的用于加工的料件以及加工后出口的成品。

A.7 代码16 寄售代销贸易

指寄售人把货物运交事前约定的代销人，由代销人按照事先约定或根据寄售代销协议规定的条件，在当地市场代为销售，所得货款扣除代销人的佣金和其他费用后，按协议规定方式将余款付给寄售人的交易形式。寄售人与代销人之间不是买卖关系，而是委托关系，代销人对货物没有所有权。

A.8 代码19 边境小额贸易

指中国沿陆地边界线经国家批准对外开放的边境县（旗）、边境城市辖区内经批准有边境小额贸易经营权的企业，通过国家指定的陆地边境口岸，与毗邻国家边境地区的企业或其他贸易机构之间进行的贸易活动，包括易货贸易、现汇贸易等各类形式，还包括边境地区经批准有对外经济技术合作经营权的企业与毗邻国家边境地区开展承包工程和劳务合作项下出口的工程设备、物资和在境外获取运回境内的设备、物资。

A.9　代码 20　加工贸易进口设备

指加工贸易项下对方提供的机械设备，包括以工缴费（或差价）偿还的作价或不作价设备。

A.10　代码 22　对外承包工程出口货物

指经国家商务主管部门批准有对外承包工程经营权的公司为承包国外建设工程项目和开展劳务合作等对外合作项目而出口的设备、物资，不包括边境地区经国家商务主管部门批准有对外经济技术合作经营权的企业与中国毗邻国家开展承包工程和劳务合作项下出口的工程设备、物资。

A.11　代码 23　租赁贸易

指承办租赁业务的企业与外商签订国际租赁贸易合同，租赁期为一年及以上的租赁进出口货物。

A.12　代码 25　外商投资企业作为投资进口的设备、物品

指外商投资企业以投资总额内的资金（包括中方投资）所进口的机器设备、零部件和其他物料 [其他物料指建厂（场）以及安装、加固机器所需材料]，以及根据国家规定进口本企业自用合理数量的交通工具、生产用车辆和办公用品（设备）。

A.13　代码 27　出料加工贸易

指将中国关境内原辅料、零部件、元器件或半成品交由境外厂商按中方要求进行加工或装配，成品复运进口，中方支付工缴费的交易形式。

A.14　代码 30　易货贸易

指不通过货币媒介而直接用出口货物交换进口货物的贸易。

A.15　代码 31　免税外汇商品

指由经批准的收发货人进口、销售专供入境的中国出国人员，华侨、外籍华人、港澳台同胞等探亲人员，出境探亲的中国公民和驻华外交人员的免税外汇商品。

A.16　代码 33　保税监管场所进出境货物

指从境外直接存入海关保税监管场所（包括保税仓库、保税物流中心）的货物和从海关保税监管场所（上述场所及出口监管仓库）运往境外的货物，不包括海关特殊监管区域进出境的仓储、转口等物流货物。

A.17　代码 34　海关特殊监管区物流货物

指从境外直接存入海关特殊监管区域（包括保税区、保税物流园区、出口加工区、综合保税区、保税港区等）和从海关特殊监管区域运往境外的仓储、分拨、配送、转口货物，包括流通领域的物流货物及供区内加工生产用的仓储货物。

A.18　代码 35　海关特殊监管区域进口设备

指从境外直接运入海关特殊监管区域（保税区、保税物流园区除外）用于区内业

务所需的设备、物资，以及区内企业和行政管理机构从境外进口自用合理数量的办公用品等。

A.19 代码39 其他贸易

指上述列明贸易方式之外的进出口货物，包括市场采购货物和边民互市货物，以及补偿贸易、寄售代销和易货贸易等项下货物。

A.20 代码41 免税品

指设在国际机场、港口、车站和过境口岸的免税品商店进口，按有关规定销售给办完出境手续的旅客的免税商品，供外国籍船员和我国远洋船员购买送货上船出售的免税商品，供外交人员购买的免税品，以及在我国际航机，国际班轮上向国际旅客出售的免税商品。

A.21 代码42 加工贸易成品油形式出口复进口

指按国家有关规定，由特定企业以加工贸易方式进口原油炼制的成品油，不返销出境而供应国内市场的。不列入进出口贸易统计但海关实施单项统计。

A.22 代码44 进料加工转内销货物

指进料加工贸易项下进口的料件或已加工的制成品、半成品、残次品、边角料经批准转为国内销售，不再加工复出口。包括海关事后发现，但准予补办进口手续的货物。不列入进出口贸易统计但海关实施单项统计。

A.23 代码45 来料加工转内销货物

指来料加工贸易项下进口的料件或已加工的制成品、半成品、残次品、边角料经批准转为国内销售，不再加工复出口。包括海关事后发现，但准予补办进口手续的货物。不列入进出口贸易统计但海关实施单项统计。

A.24 代码46 加工贸易转内销设备

指在海关监管期内的加工贸易项下免税进口设备，经批准转售给境内非加工贸易企业，包括征税内销的和转为享受进口减免税优惠内销的。不列入进出口贸易统计但海关实施单项统计。

A.25 代码54 进料深加工结转货物

指加工贸易企业将保税进口料件加工的产品转至另一加工贸易企业进一步加工后复出口的经营活动。只适用于非海关特殊监管区域加工贸易经营企业之间的进料深加工货物结转。不列入进出口贸易统计但海关实施单项统计。

A.26 代码55 来料深加工结转货物

指加工贸易企业将保税进口料件加工的产品转至另一加工贸易企业进一步加工后复出口的经营活动。只适用于非海关特殊监管区域加工贸易经营企业之间的来料深加工货物结转。不列入进出口贸易统计但海关实施单项统计。

A.27 代码56 加工贸易结转设备

指在海关监管期内的加工贸易项下的免税进口设备，经批准从一个加工企业结转入另一个加工企业，或从本企业一本《加工贸易手册》结转入另一本《加工贸易手册》。不列入进出口贸易统计但海关实施单项统计。

A.28 代码57 进料加工结转余料

指加工贸易企业在经营进料加工加工复出口业务过程中剩余的、可以继续用于加工制成品的加工贸易进口料件，结转到同一经营单位、同一加工企业、同样进口料件和同一加工监管方式的另一个加工贸易合同项下继续加工复出口。不列入进出口贸易统计但海关实施单项统计。

A.29 代码58 来料加工结转余料

指加工贸易企业在经营来料加工加工复出口业务过程中剩余的、可以继续用于加工制成品的加工贸易进口料件，结转到同一经营单位、同一加工企业、同样进口料件和同一加工监管方式的另一个加工贸易合同项下继续加工复出口。不列入进出口贸易统计但海关实施单项统计。

A.30 代码61 退运货物

指原进、出口后因质量不符、残缺、延误交货或其他原因被退运出、进境的货物（加工贸易项下的货物除外）。不列入进出口贸易统计但海关实施单项统计。

A.31 代码64 进料加工复出口料件

指进料加工进口的保税料件因品质、规格等原因退运，以及加工过程中产生的剩余料件、边角料、废料退运出境。不列入进出口贸易统计但海关实施单项统计。

A.32 代码65 来料加工复出口料件

指来料加工进口的保税料件因品质、规格等原因退运，以及加工过程中产生的剩余料件、边角料、废料退运出境。不列入进出口贸易统计但海关实施单项统计。

A.33 代码66 加工贸易退运设备

指加工贸易进口设备退运出境。不列入进出口贸易统计但海关实施单项统计。

A.34 代码71 保税维修

指以保税方式将存在部件损坏、功能失效、质量缺陷等问题的货物（以下统称“待维修货物”）从境外运入境内（含海关特殊监管区域）进行检测、维修后复运出境；待维修货物从境内（海关特殊监管区域外）运入海关特殊监管区域内进行检测、维修后复运回境内（海关特殊监管区域外）。不列入进出口贸易统计但海关实施单项统计。

A.35 代码00 其他不列入贸易统计货物

指其他没有实际进出境或虽然实际进出境但没有引起我国物质资源存量变化的货物。包括过境、转运和通运货物；暂时进出口货物；租赁期1年以下的租赁进出口货物；因残损、短少、品质不良或者规格不符而免费补偿或者更换的进出口货物；以及海关总署规定的不列入贸易统计的其他货物。不列入进出口贸易统计但海关实施单项统计。

附件2

海关统计运输方式代码

（HS/T 61—2019）

前 言

本标准按照GB/T 1.1—2009、HS/T 1—2011给出的规则起草。

本标准由中华人民共和国海关总署统计分析司提出。

本标准由中华人民共和国海关总署政策法规司归口。

本标准主要起草单位：海关总署统计分析司、厦门海关。

本标准主要起草人：李魁文、乔进明、翟小元、李芊、齐卫国、赵波、陈仲雄、杜智勇、吴罗娜、袁荣平。

引 言

海关统计的运输方式既包括实际进出境运输方式，也包括表示货物在境内流转方向的运输方式，以反映我国进出口货物在国际航段运输时所采用的运输方式，或用于实施单项统计。海关统计运输方式既是控制统计口径的关键指标，也是重要的统计分析指标，运输方式分组的外贸统计数据广泛应用于交通部门以及广大行业协会和研究机构，对于客观真实反映我国国际贸易物流整体情况，服务科学决策，具有重要意义。

GB/T 6512—1998《运输方式代码》国家标准的分类和代码更多侧重于交通运输管理，与海关监管和统计需求不完全适应，尤其是无法满足海关保税监管场所和特殊监管区域的二线监管和统计需要。

因此，有必要对“海关统计运输方式代码”制定海关行业标准，提升海关统计运输方式的规范性，确保各级海关能够科学编制运输方式统计资料，以满足各级政府、各有关部门以及社会各界的数据需求，为评估对外开放质量、制定经济政策、维护国门安全、推进改革发展提供精准数据。

海关统计运输方式代码

1 范围

本标准规定了海关统计运输方式的分类代码结构及表示运输方式类别的代码和代码的含义。

本标准适用于对海关统计运输方式的编码、信息处理和信息共享。

2 规范性引用文件

下列文件对于本文件的应用是必不可少的。凡是注明日期的引用文件，仅所注日期的版本适用于本文件。凡是不注明日期的引用文件，其最新版本（包括所有的修改单）适用于本文件。

GB/T 6512运输方式代码

3　术语和定义

下列术语和定义适用于本文件。

3.1　海关统计实际进出境运输方式 customs statistical transport mode for actual inbound and outbound movement

货物跨境转移交换时被运载的形式，用于反映我国进出口货物在国际航段运输时所采用的运输方式，按照货物运抵我国境内第一个口岸或运离境内最后一个口岸时的运输方式确定。

3.2　海关统计非实际进出境运输方式 customs statistical transport mode for non-actual inbound and outbound movement

未实际进出境货物在境内的流转方向，用于实施境内进出海关保税监管场所和特殊监管区域等货物的海关单项统计。

3.3　海关统计运输方式代码 code for customs statistical transport mode

每一个海关统计运输方式在全国范围内拥有唯一的、不变的识别标识码，是海关统计运输方式中文名称所对应的字符型代码。

4　代码结构

参照GB/T 6512代码规则，海关统计运输方式代码结构采用1位阿拉伯数字或大写英文字母表示。

5　运输方式代码表

具体代码参见表1。

表1　运输方式代码表

运输方式分类	运输方式代码	运输方式名称
实际进出境运输方式	2	水路运输
	3	铁路运输
	4	公路运输
	5	航空运输
	6	邮件运输
	9	其他运输
	G	固定设施
	L	旅客携带
非实际进出境运输方式	0	非保税区
	1	监管仓库
	7	保税区
	8	保税仓库

续表

运输方式分类	运输方式代码	运输方式名称
非实际进出境运输方式	9	其他运输（非跨境）
	H	边境特殊海关作业区
	T	综合实验区
	W	物流中心
	X	物流园区
	Y	保税港区/综合保税区
	Z	出口加工区
	S	特殊综合保税区
	P	洋浦保税港区

6 代码含义

6.1 实际进出境运输方式代码含义

6.1.1 代码2 水路运输

指利用船舶在国内外港口之间，通过固定的航区和航线承担的进出境货物运输方式。

6.1.2 代码3 铁路运输

指利用铁路承担的进出境货物运输方式。

6.1.3 代码4 公路运输

指利用汽车承担的进出境货物运输方式。

6.1.4 代码5 航空运输

指利用航空器承担的进出境货物运输方式。

6.1.5 代码6 邮件运输

指通过邮局寄运的进出境货物运输方式。非邮局寄运的进出境货物，按实际运输方式统计。

6.1.6 代码G 固定设施运输

指以固定设施（包括输油、输水管道和输电网等）运输货物的运输方式。

6.1.7 代码L 旅客携带

指进出境旅客随身携带货物的运输方式。

6.1.8 代码9 其他运输

指上述未列明的运输方式，如人扛、畜驮等。

6.2 非实际进出境运输方式代码含义

6.2.1 代码0 非保税区

指境内非保税区运入保税区货物和保税区退区货物的运输方式。

6.2.2　代码1　监管仓库

指境内存入出口监管仓库和出口监管仓库退仓货物的运输方式。

6.2.3　代码7　保税区

指保税区运往境内非保税区货物的运输方式。

6.2.4　代码8　保税仓库

指保税仓库转内销货物或转加工贸易货物的运输方式。

6.2.5　代码9　其他运输（非跨境）

指海关特殊监管区域内的流转、调拨货物，海关特殊监管区域、保税监管场所之间的流转货物，海关特殊监管区域与境内区外之间进出的货物，海关特殊监管区域外的加工贸易余料结转、深加工结转、内销货物，以及其他境内流转货物的运输方式。

6.2.6　代码H　边境特殊海关作业区

指境内运入深港西部通道港方口岸区、境内进出中哈霍尔果斯边境合作中心中方区域等区域的货物的运输方式。

6.2.7　代码T　综合试验区

指经横琴新区、平潭综合实验区等综合试验区（以下简称综合试验区）二线指定申报通道运往境内区外或从境内经二线指定申报通道进入综合试验区的货物，以及综合试验区内按选择性征收关税申报的货物的运输方式。

6.2.8　代码W　物流中心

指从境内保税物流中心外运入中心或从中心运往境内中心外货物的运输方式。

6.2.9　代码X　物流园区

指从境内保税物流园区外运入园区或从园区内运往境内园区外货物的运输方式。

6.2.10　代码Y　保税港区/综合保税区

指保税港区、综合保税区与境内（区外）（非海关特殊监管区域、保税监管场所）之间进出货物的运输方式。

6.2.11　代码Z　出口加工区

指出口加工区、珠澳跨境工业区（珠海园区）、中哈霍尔果斯边境合作中心（中方配套区）等区域与境内（区外）（非海关特殊监管区域、保税监管场所）之间进出货物的运输方式。

6.2.12　代码S　特殊综合保税区[1]

指从境内特殊综合保税区外运入区内或从特殊综合保税区运往境内区外货物的运输方式。

1　2019年12月，海关总署发布《关于洋山特殊综合保税区统计办法的公告》，增列运输方式代码“S”，用于洋山特殊综合保税区与境内港区间进出货物的申报和海关单项统计。

6.2.13 代码P 洋浦保税港区[1]

指从境内洋浦保税港区外运入区内或从洋浦保税港区运往境内区外货物的运输方式。

附件3—5（略）

二 海关统计制度方法大事记

1949—1979

1949年10月25日，中央人民政府海关总署成立，内设统计处负责统计工作。

1949年12月，“编制中华人民共和国对外贸易海关统计，指导全国海关统计工作”写入《中央人民政府海关总署试行组织条例》。

1950年7月，海关总署编印《一九四九年中国对外贸易报告》。

1951年，海关总署编印《海关统计年报（1950年）》。

1951年3月23日，“编制对外贸易海关统计”写入《中华人民共和国暂行海关法》，于1951年5月1日起施行。

1953年1月9日，海关总署划归对外贸易部，与对外贸易部对外贸易管理局合并组成对外贸易部海关总署，内设统计处。

1955年12月，对外贸易部制定《中华人民共和国对外贸易海关统计制度》，经国家统计局批准于1956年起实施。

1960年11月，对外贸易部海关总署改编为对外贸易部海关管理局，统计处仍是海关管理局内设的7个处之一。

1967年9月9日，对外贸易部下发《关于决定停止编制对外贸易海关统计的通知》，停止编制对外贸易海关统计。

1968年11月，撤销海关管理局统计处。

1979年5月，对外贸易部党组在海关管理局成立“恢复海关统计筹备小组”，组员为张志超、杨世英和李志忠。

1979年6月，经对外贸易部党组批准，海关管理局统计处成立。

1979年9月17日，国家统计局和对外贸易部联合下发《关于使用进出口货物报关单作为海关统计原始资料问题的联合通知》，明确自1980年起正式恢复海关统计工作，以报关单作为海关统计原始资料。

1979年12月13日，对外贸易部和国家统计局联合颁布《中华人民共和国海关统计

---

1 2020年9月，海关总署发布《关于洋浦保税港区统计办法的公告》，增列运输方式代码“P”，用于洋浦保税港区与境内港区间进出货物的申报和海关单项统计。

制度》及其实施细则，自1980年1月1日起实行。

1979年12月22日，海关管理局下发《关于海关统计价格折算方法的通知》，规范进出口货物价值统计。

1980—1984

1980年1月1日，经国务院批准，恢复海关征税和海关统计，实行全国统一的进出口货物报关单，实施以《国际贸易标准分类》第二次修订本为基础编制的《中华人民共和国海关统计商品目录》。

1980年2月9日，国务院印发《关于改革海关管理体制的决定》，成立中华人民共和国海关总署，将编制海关统计明确列为海关4项基本任务之一。统计处成为海关总署首批10个内设处级机构之一。

1981年，经国务院批准，中国对外公布进出口贸易情况时使用海关统计数据，定期向国际货币基金组织提供海关统计资料。同年，海关总署编制海关统计月报，内部发行。

1981年6月，海关总署实行统计快报制度，由各关对进出口货物总值自行汇总，于次月7日前电报报送海关总署。同年12月，增加报送主要商品数量。

1982年4月30日，国家统计局发布《1981年中国国民经济和社会发展年度统计公报》，对外贸易部分使用海关编制的进出口数据。

1982年8月，《海关统计》季刊面向社会公开出版发行。

1982年12月18日，海关总署统计处和关税处合并成立关税统计司，成为海关总署首批7个司局级单位之一。

1982年，上海海关、广州海关先行应用计算机技术开发本关区贸易统计系统，就地将统计数据输入计算机。

1983年6月，海关总署与香港经济导报社合作出版的中英文版《中国海关统计》在我国香港地区公开发行。

1983年8月，上海、广州、黄埔海关率先将统计数据转录成磁带后派员送往海关总署，至1989年全国各直属海关均实现使用磁带或软盘报送统计数据。

1984年12月11日，国家统计局、海关总署联合颁发修订后的《中华人民共和国海关统计制度》，1984年12月12日，海关总署制定《中华人民共和国海关统计制度实施细则》，均于1985年1月1日起实行，1979年12月13日印发的《中华人民共和国海关统计制度》及其实施细则同时废止。

1984年，海关总署制定《海关统计资料管理办法》，对海关统计无偿和有偿服务的范围作了规定。

1985—1994

1985年3月，海关总署设立海关统计咨询室，向社会各界提供海关统计咨询服务。

1985年3月29日，海关总署对内设机构进行调整，将统计处从关税统计司分离出来，改设直属统计处。

1986年9月5日，海关总署成立综合统计司。

1986年，中英文对照的《中国海关统计摘要》面向社会公开出版发行。

1987年起，海关总署规定统计起统点，价值500元以下的进出口货样及广告品以及30美元以下的其他商品不列入海关统计。

1987年7月1日，《中华人民共和国海关法》实施，明确规定编制海关统计是海关基本任务之一。

1987年7月1日，经国务院批准，海关总署发布《中华人民共和国海关法行政处罚实施细则》，规定对进出境货物申报不实的情形予以行政处罚。

1987年12月，海关总署制定海关统计咨询服务管理办法，自1988年1月1日起执行。

1988年1月15日，国务院领导在《关于海关统计与经贸部进出口统计数字差异问题查对情况的报告》上批示，今后公开发表进出口数据以海关统计为准。

1988年5月，海关总署开始实施统计数据质量互查制度。

1988年10月，海关贸易统计软件包系统在全国海关推广使用，实现统计制表、查询原始数据、提交制表查询批作业、数据压缩、数据库维护等功能。

1989年2月，海关总署决定组织开展对海关税则和海关统计商品目录向海关合作理事会主持制定的《商品名称及编码协调制度》转换的工作。

1990年起，各直属海关陆续通过网络传输将统计原始数据传送至海关总署。

1990年，海关总署对外发布按《中华人民共和国海关统计商品目录》6位数商品编码详细分类的进出口商品统计数据，此前使用的是5位数商品编码分类。

1991年，海关总署制定海关统计作业流程规范。

1991年6月，海关总署面向社会公开发行中文版和英文版《中国海关统计年鉴》（1990）。

1992年1月1日起，《中华人民共和国海关统计商品目录》改为采用国际通用的《商品名称及编码协调制度》编制。

1993年1月1日起，海关总署对经营单位代码编码规则进行改革，为每个进出口企业设置全国唯一的10位数代码。

1993年1月起，全国各直属海关均实现通过计算机网络向海关总署传输统计数据。

1994年，海关总署和国家统计局共同编制中国对外贸易指数。

1994年1月起，以"启运国/运抵国"统计取代原来的"贸易国"（即"购自国/售予国"）统计，作为进出口货物贸易国别统计的补充资料。

1994年11月21日，海关总署、国家统计局联合印发新修订的《中华人民共和国海关统计制度》，自1995年1月1日起施行。1984年12月11日印发的《中华人民共和国海关统计制度》同时废止。

1994年12月12日，海关总署印发《中华人民共和国海关统计制度实施细则》，自1995年1月1日起施行，1984年12月12日印发的《中华人民共和国海关统计制度实施细则》同时废止。

1995—2005

1995年1月起，海关统计从专门贸易制改为总贸易制；1949年至1994年采用专门贸易制。

1995年1月起，将原来按照“消费国”编制和公布出口货物的国别统计，更改为按照“最终目的国”统计；将“收货单位所在地”“发货单位所在地”更名为“境内目的地”“境内货源地”。

1995年1月起，海关月度统计的截止日期从1980年以来的每月25日改为每月末日，与联合国关于按公历月编制贸易统计的国际标准一致。

1995年1月起，海关总署取消1987年规定的统计起统点。

1996年4月，海关总署创办《统计监督信息》。

1996年5月，H883/EDI统计子系统正式推广应用。

1998年11月20日，对外贸易经济合作部、国家发展计划委员会和海关总署联合下发《关于地方政府部门使用海关进出口统计数据有关问题的通知》，决定统一使用海关统计数据反映进出口情况。

2000年4月，H883/EDI统计子系统（2000年版）启用，贸易统计上报数据由100字符扩展至224字符。

2001年起，海关总署开始实施海关统计数据年度集中审核制度。

2001年9月27日，海关总署印发《海关统计作业规范》，明确各地海关统计部门和相关部门对统计数据收集、审核、报送、维护以及统计数据质量管理的职责分工。

2001年11月，新修订的对外贸易指数编制方案通过评审。

2002年，中国加入国际货币基金组织数据公布通用标准（GDDS），开始制定和执行面向社会公众的“数据透明计划”。海关总署定期向国际货币基金组织提供中国对外贸易统计数据和数据编制说明。

2003年起，海关总署每年年底对外公告下一年度海关统计数据发布时间表。

2004年9月19日，国务院颁布《中华人民共和国海关行政处罚实施条例》，规定“进出口货物的品名、税则号列、数量、规格、价格、贸易方式、原产地、启运地、运抵地、最终目的地或者其他应当申报的项目未申报或者申报不实的，……影响海关统计准确性的，予以警告或者处1000元以上1万元以下罚款”。

2005年起，《中国对外贸易指数》公开发行。

2005年8月，海关总署制定保税物流中心统计办法，增列运输方式代码“W”，用于保税物流中心与境内中心外之间进出货物的申报和实施海关单项统计，自2005年9

月1日起实施。

2005年12月25日，时任国务院总理温家宝签发国务院第454号令，公布《中华人民共和国海关统计条例》，于2006年3月1日起实施。

2005年12月31日，海关总署发布关于保税物流园区统计办法的公告，增列保税物流园区与境内园区外之间进出货物使用的运输方式代码“X”，自2006年11月1日起施行。

2006—2017

2006年1月，H2000通关作业系统贸易统计子系统完成开发试运行。

2006年8月，海关总署通过海关门户网站发布海关统计快讯。

2006年9月12日，海关总署发布《中华人民共和国海关统计工作管理规定》，自2006年11月1日起施行。1995年实施的《中华人民共和国海关统计制度》及其实施细则停止执行。

2008年1月24日，海关总署发布关于取消“中性包装原产国别”名称与代码的公告，自2008年2月1日起，中性包装形式进口的货物应当按照实际原产国（地区）申报，不再按照“国别不详”（代码999）统计。

2008年7月2日，海关总署制定《海关统计作业规范》（第2版）。

2009年3月，海关贸易统计综合管理系统上线运行。

2010年，海关总署会同中宣部、商务部、国家统计局等部门编制《文化产品海关统计目录》，于2011年起使用。

2011年12月26日，海关总署发布《关于调整统计商品品目9803商品名称与统计范围》的公告，自2012年起，品目98.03仅用于申报专门针对特定用户的特定需求而开发的出口软件，实施海关单项统计，不再进行进出口货物贸易统计。

2012年，海关总署开展中国外贸出口先导指数试点调查。同年，开展2010年进口货物使用去向试点调查。

2012年5月，海关总署下发《关于修订10位数企业海关注册编码规则的通知》，将大写英文字母引入编码。

2013年1月30日，海关总署下发《关于增加公布以人民币计价海关统计数据的通知》，决定自发布2013年海关贸易统计数据起，增加发布以人民币值计价的月度及1月至当月累计进出口总值、出口总值、进口总值和贸易差额4个总量指标数据。

2013年10月，根据全国投入产出调查工作的总体部署，海关总署组织开展2012年进口货物使用去向调查。

2013年11月1日，海关总署发布《关于调整免税品统计口径的公告》，自2014年起，免税品的统计口径从海关单项统计调整为进出口货物贸易统计，即列入我国货物贸易进出口值。

2014年2月，海关贸易统计综合管理系统二期上线运行，贸易统计上报数据从229

字符扩展至331字符。

2014年2月10日，海关总署印发《关于全面公布以人民币计价海关统计数据的通知》，自公布2014年月度海关统计数据起，全面发布以人民币计价统计的数据。

2014年4月10日，海关总署对外发布中国外贸出口先导指数。

2014年6月起，《海关统计》月刊中文版在海关总署门户网站公布。

2015年起，边民互市贸易列入我国进出口货物贸易统计。

2015年，增列海关统计商品编码“低值简易通关商品”（9804.0000），用于边民互市进出口商品统计、快件C类进出口商品统计。

2016年，海关总署从海关快件通关管理系统中采集进出口C类快件数据，低值快件货物列入我国货物贸易统计。

2016年3月1日起，海关总署在杭州跨境电子商务综合试验区率先试点跨境电子商务零售出口货物“简化申报、清单核放、汇总统计”模式，即从地方跨境电子商务出口系统直接采集统计原始资料。

2016年3月30日起，为与《中华人民共和国海关法》表述一致，在修订报关单栏目时，将“经营单位”栏目修改为“收发货人”，其内涵不变。

2017年1月，海关跨境电子商务进口统一版统计子系统上线，跨境电子商务进口清单直接统计，海关统计原始资料的采集范围进一步扩大。

2017年6月，海关总署会同商务部与国家统计局，在杭州和广州组织开展跨境电子商务统计试点。

2017年9月，海关总署组织开展第一次全国跨境电子商务试点统计调查，探索跨境电子商务全业态（全口径）统计制度。

2017年11月，跨境电子商务“简化申报、清单核放、汇总统计”模式在全国复制推广。简化申报的出口商品按照品目98.04统计。

2018年至今

2018年1月1日，统计项目增加“品牌类型”。

2018年5月31日，国家统计局同意海关统计调查制度备案。

2018年6月20日，国家统计局批准中国外贸出口先导指数调查制度与进口货物使用去向调查制度。

2018年8月17日，海关总署发布新修订的《中华人民共和国海关统计工作管理规定》（海关总署令第242号），于2018年10月1日起实施。2006年海关总署令第153号公布的《中华人民共和国海关统计工作管理规定》同时废止。

2018年8月，海关总署撤销综合统计司，成立统计分析司。

2018年9月30日，海关总署发布《关于执行〈中华人民共和国海关统计工作管理规定〉有关问题的公告》。

2018年11月1日，海关统计数据在线查询平台正式上线。根据《关于对社会公众提供海关统计服务有关事项的公告》，社会公众可以在海关总署门户网站在线查询按国别、商品等统计项目分类汇总的进出口货物贸易统计数据。

2018年12月，海关跨境电子商务出口统一版统计子系统上线，出口清单统计原始资料切换至该系统。

2019年1月起，社会公众可以通过海关发布、海关数库等微信公众号查询2002年以来的《中华人民共和国海关统计商品目录》和海关统计主要进出口商品目录以及部分年份的海关统计数据。

2019年3月，海关总署启动海关统计主要进出口商品目录的全面修订工作。

2019年3月，海关总署公布行业标准《海关统计经济区划编码规则》（HS/T 59—2019），自2019年8月1日起实施。

2019年4月，海关统计服务室全新开放，免费向社会公众提供定制型海关统计服务，同时在海关总署门户网站发布《海关统计服务指南》。

2019年7月，海关总署制定完善跨境电子商务统计体系工作方案，明确了跨境电子商务的定义、统计范围等内容。

2019年9月，海关总署恢复编制《中国海关统计摘要》，与《中国海关统计年鉴》配套使用。

2019年9月23日，国家统计局同意海关业务统计调查制度备案。

2019年10月18日，中国外贸出口先导指数调查制度到期后，国家统计局再次批准该调查制度。

2019年11月，按照个人物品监管的跨境电子商务邮件和快件包裹列入进出口货物贸易统计，实现进出口货物的应统尽统。配套增列海关统计商品编码“个人跨境电商商品”（9805.0000）。

2019年12月1日，新一代海关通关管理系统贸易统计子系统（新TSD系统）上线运行，统计原始资料从各直属海关采集调整为海关总署直接采集，数据上报操作调整为数据确认操作。

2019年12月，海关总署发布《关于洋山特殊综合保税区统计办法的公告》。

2019年12月，海关总署公布行业标准《海关统计贸易方式代码》（HS/T 60—2019）和《海关统计运输方式代码》（HS/T 61—2019），自2020年6月1日起实施。

2020年起，数据用户可以从海关总署门户网站下载中文版《海关统计》月刊。

2020年1月28日，海关总署建立新冠肺炎疫情防疫物资应急统计机制。

2020年3月，海关按照修订后的主要进出口商品目录编制并公布海关统计快讯、月刊等统计刊物中的重点或主要进出口商品表。

2020年6月，以B类快件方式出口的跨境电子商务包裹列入进出口货物贸易统计。

2020年6月，边民互市、快件C类、邮快件电子商务包裹、跨境电子商务清单核放货物等非报关单统计原始资料的采集周期从公历月调整为上月25日至本月24日。

2020年7月，《中华人民共和国海关统计商品目录》增列商品“跨境电商B2B简化申报商品”（9900.0000），用于跨境电子商务企业对企业直接出口（代码9710）及跨境电子商务出口海外仓（代码9810）项下按照6位数编码简化申报出口货物的统计。

2020年9月8日，习近平总书记在全国抗击新冠肺炎疫情表彰大会上公布我国防疫物资出口数据。

2020年9月20日，海关总署发布《关于洋浦保税港区统计办法的公告》。

2020年12月23日，海关总署发布《关于公布〈海关总署关于修改部分规章的决定〉的令》（海关总署令第247号），修改《中华人民共和国海关统计工作管理规定》（海关总署令第242号），自2021年2月1日起施行。

2021年1月7日，海关总署发布《关于保税物流中心统计办法的公告》，保税物流中心统计范围及分组均有所调整。

2021年1月14日，海关总署新闻发言人在国务院新闻发布会上公布2020年跨境电子商务全业态进出口数据。

2021年4月，在2021上海合作组织国际投资贸易博览会暨上海合作组织地方经贸合作青岛论坛上，海关总署正式对外发布上合贸易指数。

2021年6月，海关总署和国家统计局联合印发《2020年进口货物使用去向统计调查制度》，约3000家企业参与调查。

2021年6月，在第二届中国－中东欧国家博览会上，海关总署首次发布中国－中东欧国家贸易指数。

2021年9月，在第18届中国－东盟博览会和中国－东盟商务与投资峰会上，海关总署正式发布中国－东盟贸易指数。

三　主要进出口数据

表1　对外贸易进出口总额

金额单位：亿美元

年份	进出口总额	出口总额	进口总额
经济恢复时期	50.3	21.3	29.0
1950	11.4	5.5	5.8
1951	19.6	7.6	12.0

续表1

年份	进出口总额	出口总额	进口总额
1952	19.4	8.2	11.2
“一五”时期	142.6	68.2	74.4
1953	23.7	10.2	13.5
1954	24.3	11.5	12.9
1955	31.5	14.1	17.3
1956	32.1	16.5	15.6
1957	31.0	16.0	15.1
“二五”时期	176.6	90.8	85.8
1958	38.7	19.8	18.9
1959	43.8	22.6	21.2
1960	38.1	18.6	19.5
1961	29.4	14.9	14.5
1962	26.6	14.9	11.7
经济调整时期	106.2	57.9	48.3
1963	29.2	16.5	12.7
1964	34.6	19.2	15.5
1965	42.5	22.3	20.2
“三五”时期	214.3	110.7	103.6
1966	46.1	23.7	22.5
1967	41.6	21.4	20.2
1968	40.5	21.0	19.5
1969	40.3	22.0	18.3
1970	45.9	22.6	23.3
“四五”时期	514.4	261.1	253.3
1971	48.4	26.4	22.1
1972	63.0	34.4	28.6
1973	109.8	58.2	51.6
1974	145.7	69.5	76.2

续表2

年份	进出口总额	出口总额	进口总额
1975	147.5	72.6	74.9
“五五”时期	1163.5	559.7	603.8
1976	134.3	68.6	65.8
1977	148.0	75.9	72.1
1978	206.4	97.5	108.9
1979	293.3	136.6	156.8
1980	381.4	181.2	200.2
“六五”时期	2524.0	1200.4	1323.5
1981	440.2	220.1	220.2
1982	416.1	223.2	192.9
1983	436.2	222.3	213.9
1984	535.5	261.4	274.1
1985	696.0	273.5	422.5
“七五”时期	4864.0	2325.2	2538.7
1986	738.5	309.4	429.0
1987	826.5	394.4	432.2
1988	1027.8	475.2	552.7
1989	1116.8	525.4	591.4
1990	1154.4	620.9	533.5
“八五”时期	10143.5	5183.1	4960.3
1991	1356.3	718.4	637.9
1992	1655.3	849.4	805.9
1993	1957.0	917.4	1039.6
1994	2366.2	1210.1	1156.2
1995	2808.6	1487.8	1320.8
“九五”时期	17739.2	9616.9	8122.3
1996	2898.8	1510.5	1388.3
1997	3251.6	1827.9	1423.7

续表3

年份	进出口总额	出口总额	进口总额
1998	3239.5	1837.1	1402.4
1999	3606.3	1949.3	1657.0
2000	4743.0	2492.0	2250.9
“十五”时期	45578.7	23852.0	21726.7
2001	5096.5	2661.0	2435.5
2002	6207.7	3256.0	2951.7
2003	8509.9	4382.3	4127.6
2004	11545.5	5933.3	5612.3
2005	14219.1	7619.5	6599.5
“十一五”时期	116814.0	63991.0	52823.1
2006	17604.4	9689.8	7914.6
2007	21761.8	12200.6	9561.2
2008	25632.6	14306.9	11325.6
2009	22075.4	12016.1	10059.2
2010	29740.0	15777.5	13962.5
“十二五”时期	199225.4	107718.6	91506.8
2011	36418.7	18983.8	17434.8
2012	38671.2	20487.1	18184.1
2013	41589.9	22090.0	19499.9
2014	43015.3	23422.9	19592.3
2015	39530.3	22734.7	16795.6
“十三五”时期	216392.9	119378.0	97014.9
2016	36855.6	20976.3	15879.3
2017	41071.4	22633.4	18437.9
2018	46224.4	24867.0	21357.5
2019	45778.9	24994.8	20784.1
2020	46462.6	25906.5	20556.1

表2　对外贸易进出口增长速度

（按美元计算，上年=100）

年份	进出口总额	出口总额	进口总额
经济恢复时期			
1950			
1951	72.2	37.1	105.5
1952	–0.7	8.7	–6.7
“一五”时期	9.8	14.2	6.1
1953	22.0	24.2	20.4
1954	2.7	12.3	–4.4
1955	29.3	23.2	34.7
1956	2.0	16.5	–10.2
1957	–3.3	–3.1	–3.6
“二五”时期	–3.0	–1.4	–4.9
1958	24.8	24.0	25.5
1959	13.2	14.1	12.2
1960	–13.1	–17.9	–7.9
1961	–22.9	–19.7	–26.0
1962	–9.3	0.0	–18.8
经济调整时期	16.8	14.4	19.8
1963	9.5	10.7	7.9
1964	18.8	16.2	22.2
1965	22.6	16.3	30.4
“三五”时期	1.6	0.3	2.9
1966	8.7	6.2	11.5
1967	–9.9	–9.8	–10.1
1968	–2.6	–1.5	–3.7
1969	–1.2	4.8	–6.2
1970	13.8	2.5	27.5
“四五”时期	26.3	26.3	26.3
1971	5.6	16.6	–5.2

续表1

年份	进出口总额	出口总额	进口总额
1972	30.2	30.6	29.6
1973	74.2	69.0	80.4
1974	32.7	19.4	47.7
1975	1.3	4.5	-1.7
“五五”时期	20.9	20.1	21.7
1976	-8.9	-5.6	-12.1
1977	10.2	10.7	9.7
1978	39.4	28.4	51.0
1979	42.1	40.2	43.9
1980	30.0	32.7	27.7
“六五”时期	12.8	8.6	16.1
1981	15.4	21.4	9.9
1982	-5.5	1.4	-12.4
1983	4.8	-0.4	10.9
1984	22.8	17.6	28.1
1985	30.0	4.6	54.1
“七五”时期	10.6	17.8	4.8
1986	6.1	13.1	1.5
1987	11.9	27.5	0.7
1988	24.4	20.5	27.9
1989	8.7	10.6	7.0
1990	3.4	18.2	-9.8
“八五”时期	19.5	19.1	19.9
1991	17.6	15.7	19.6
1992	22.0	18.2	26.3
1993	18.2	8.0	29.0
1994	20.9	31.9	11.2
1995	18.7	23.0	14.2
“九五”时期	11.0	10.9	11.3
1996	3.2	1.5	5.1

续表2

年份	进出口总额	出口总额	进口总额
1997	12.2	21.0	2.5
1998	–0.4	0.5	–1.5
1999	11.3	6.1	18.2
2000	31.5	27.8	35.8
“十五”时期	24.6	25.0	24.0
2001	7.5	6.8	8.2
2002	21.8	22.4	21.2
2003	37.1	34.6	39.8
2004	35.7	35.4	36.0
2005	23.2	28.4	17.6
“十一五”时期	15.9	15.7	16.2
2006	23.8	27.2	19.9
2007	23.6	25.9	20.8
2008	17.8	17.3	18.5
2009	–13.9	–16.0	–11.2
2010	34.7	31.3	38.8
“十二五”时期	5.9	7.6	3.8
2011	22.5	20.3	24.9
2012	6.2	7.9	4.3
2013	7.5	7.8	7.2
2014	3.4	6.0	0.4
2015	–8.1	–2.9	–14.1
“十三五”时期	3.3	2.6	4.1
2016	–6.8	–7.7	–5.5
2017	11.4	7.9	16.1
2018	12.5	9.9	15.8
2019	–1.0	0.5	–2.7
2020	1.5	3.6	–1.1

注：本表中五年时期增速为年均增速。

表3 中国进出口在世界贸易中的比重和位次

金额单位：亿美元

年份	世界进出口总额	中国进出口总额	中国进出口总额占世界进出口总额比重（%）	位次
1950	1259	11.4	0.9	28
1951	1721	19.6	1.1	21
1952	1697	19.4	1.1	19
1953	1689	23.7	1.4	16
1954	1755	24.3	1.4	16
1955	1936	31.5	1.6	13
1956	2144	32.1	1.5	14
1957	2350	31.0	1.3	18
1958	2251	38.7	1.7	13
1959	2415	43.8	1.8	12
1960	2676	38.1	1.4	15
1961	2789	29.4	1.1	21
1962	2939	26.6	0.9	23
1963	3208	29.2	0.9	22
1964	3590	34.6	1.0	21
1965	3889	42.5	1.1	20
1966	4253	46.1	1.1	21
1967	4464	41.6	0.9	23
1968	4948	40.5	0.8	24
1969	5634	40.3	0.7	26
1970	6463	45.9	0.7	27
1971	7202	48.4	0.7	29
1972	8519	63.0	0.7	26
1973	11750	109.8	0.9	23
1974	17016	145.7	0.9	25
1975	17889	147.5	0.8	26

续表1

年份	世界进出口总额	中国进出口总额	中国进出口总额占世界进出口总额比重（%）	位次
1976	20179	134.3	0.7	33
1977	22989	148.0	0.6	35
1978	26653	206.4	0.8	30
1979	33530	293.3	0.9	25
1980	41133	381.4	0.9	26
1981	40849	440.2	1.1	21
1982	38297	416.1	1.1	21
1983	37375	436.2	1.2	20
1984	39714	535.5	1.3	16
1985	39684	696.0	1.8	11
1986	43461	738.5	1.7	12
1987	50992	826.5	1.6	17
1988	58342	1027.8	1.8	15
1989	63044	1116.8	1.8	15
1990	70897	1154.4	1.6	16
1991	71398	1356.3	1.9	14
1992	76797	1655.3	2.2	11
1993	76891	1957.0	2.5	11
1994	87568	2366.2	2.7	11
1995	104529	2808.6	2.7	11
1996	109533	2898.8	2.6	11
1997	113310	3251.6	2.9	11
1998	111857	3239.5	2.9	11
1999	116457	3606.3	3.1	9
2000	131015	4743.0	3.6	8
2001	126034	5096.5	4.0	6
2002	131573	6207.7	4.7	6

续表2

年份	世界进出口总额	中国进出口总额	中国进出口总额占世界进出口总额比重（%）	位次
2003	153619	8509.9	5.5	4
2004	186959	11545.5	6.2	3
2005	212956	14219.1	6.7	3
2006	245004	17604.4	7.2	3
2007	282982	21761.8	7.7	3
2008	326672	25632.6	7.8	3
2009	252734	22075.4	8.7	2
2010	307427	29740.0	9.7	2
2011	367744	36418.7	9.9	2
2012	371719	38671.2	10.4	2
2013	379304	41589.9	11.0	1
2014	380628	43015.3	11.3	1
2015	332783	39530.3	11.9	1
2016	322456	36855.6	11.4	2
2017	357200	41071.4	11.5	1
2018	392994	46224.4	11.8	1
2019	382988	45778.9	12.0	1
2020	353950	46462.6	13.1	1

表4 中国出口在世界出口中的比重和位次

金额单位：亿美元

年份	世界出口总额	中国出口总额	中国出口总额占世界出口总额比重(%)	位次
1950	620	5.5	0.9	29
1951	837	7.6	0.9	29
1952	818	8.2	1.0	23
1953	838	10.2	1.2	19

续表1

年份	世界出口总额	中国出口总额	中国出口总额占世界出口总额比重(%)	位次
1954	868	11.5	1.3	19
1955	945	14.1	1.5	16
1956	1053	16.5	1.6	15
1957	1141	16.0	1.4	16
1958	1102	19.8	1.8	13
1959	1184	22.6	1.9	11
1960	1305	18.6	1.4	18
1961	1363	14.9	1.1	20
1962	1433	14.9	1.0	20
1963	1570	16.5	1.1	20
1964	1756	19.2	1.1	20
1965	1901	22.3	1.2	19
1966	2075	23.7	1.1	19
1967	2183	21.4	1.0	20
1968	2423	21.0	0.9	20
1969	2766	22.0	0.8	22
1970	3169	22.6	0.7	30
1971	3541	26.4	0.7	27
1972	4190	34.4	0.8	23
1973	5801	58.2	1.0	21
1974	8404	69.5	0.8	29
1975	8769	72.6	0.8	28
1976	9921	68.6	0.7	35
1977	11284	75.9	0.7	37
1978	13069	97.5	0.7	33
1979	16593	136.6	0.8	32

续表2

年份	世界出口总额	中国出口总额	中国出口总额占世界出口总额比重(%)	位次
1980	20361	181.2	0.9	30
1981	20144	220.1	1.1	19
1982	18858	223.2	1.2	16
1983	18460	222.3	1.2	19
1984	19557	261.4	1.3	18
1985	19529	273.5	1.4	17
1986	21385	309.4	1.4	16
1987	25155	394.4	1.6	16
1988	28689	475.2	1.7	16
1989	30989	525.4	1.7	14
1990	34897	620.9	1.8	15
1991	35114	718.4	2.0	13
1992	37792	849.4	2.2	11
1993	37947	917.4	2.4	11
1994	43283	1210.1	2.8	11
1995	51676	1487.8	2.9	11
1996	54061	1510.5	2.8	11
1997	55923	1827.9	3.3	10
1998	55031	1837.1	3.3	9
1999	57194	1949.3	3.4	9
2000	64540	2492.0	3.9	7
2001	61964	2661.0	4.3	6
2002	65007	3256.0	5.0	5
2003	75908	4382.3	5.8	4
2004	92226	5933.3	6.4	3
2005	105103	7619.5	7.2	3

续表3

年份	世界出口总额	中国出口总额	中国出口总额占世界出口总额比重(%)	位次
2006	121314	9689.8	8.0	3
2007	140313	12200.6	8.7	2
2008	161697	14306.9	8.8	2
2009	125630	12016.1	9.6	1
2010	153065	15777.5	10.3	1
2011	183416	18983.8	10.4	1
2012	185172	20487.1	11.1	1
2013	189662	22090.0	11.6	1
2014	190072	23422.9	12.3	1
2015	165557	22734.7	13.8	1
2016	160440	20976.3	13.1	1
2017	177399	22633.4	12.8	1
2018	194724	24867.0	12.8	1
2019	190147	24994.8	13.1	1
2020	175829	25906.5	14.7	1

表5 对外贸易出口商品构成

金额单位：亿美元

项目	1980		1981		1982	
	金额	比重%	金额	比重	金额	比重%
出口总额	181.20	100.0	220.07	100.0	223.21	100.0
一、初级产品	91.14	50.3	102.43	46.5	100.50	45.0
1.食品及活动物	29.85	16.5	29.24	13.3	29.08	13.0
2.饮料及烟类	0.78	0.5	0.60	0.3	0.97	0.4
3.非食用原料（燃料除外）	17.11	9.4	19.48	8.9	16.53	7.4

续表1

项目	1980		1981		1982	
	金额	比重%	金额	比重	金额	比重%
4.矿产燃料、润滑油及有关原料	42.80	23.6	52.23	23.7	53.14	23.8
5.动植物油、脂及蜡	0.60	0.3	0.88	0.4	0.78	0.3
二、工业制成品	90.06	49.7	117.62	53.4	122.70	55.0
1.化学成品及有关产品	11.20	6.2	13.42	6.1	11.96	5.4
2.按原料分类的制成品	39.99	22.1	47.06	21.4	43.02	19.3
3.机械及运输设备	8.43	4.6	10.87	4.9	12.63	5.7
4.杂项制品	28.36	15.7	37.25	16.9	37.05	16.6
5.未分类商品	2.08	1.1	9.02	4.1	18.04	8.1

项目	1983		1984		1985	
	金额	比重%	金额	比重%	金额	比重%
出口总额	222.26	100.0	261.39	100.0	273.50	100.0
一、初级产品	96.20	43.3	119.34	45.7	138.28	50.6
1.食品及活动物	28.53	12.8	32.32	12.4	38.03	13.9
2.饮料及烟类	1.04	0.5	1.10	0.4	1.05	0.4
3.非食用原料（燃料除外）	18.92	8.5	24.21	9.3	26.53	9.7
4.矿产燃料、润滑油及有关原料	46.66	21.0	60.27	23.1	71.32	26.1
5.动植物油、脂及蜡	1.05	0.5	1.44	0.6	1.35	0.5
二、工业制成品	126.10	56.7	142.06	54.3	135.22	49.4
1.化学成品及有关产品	12.51	5.6	13.64	5.2	13.58	5.0
2.按原料分类的制成品	43.65	19.6	50.53	19.3	44.93	16.4
3.机械及运输设备	12.21	5.5	14.93	5.7	7.72	2.8
4.杂项制品	38.04	17.1	46.97	18.0	34.86	12.7
5.未分类商品	19.69	8.9	15.99	6.1	34.13	12.5

续表2

项目	1986		1987		1988	
	金额	比重%	金额	比重%	金额	比重%
出口总额	309.42	100.0	394.37	100.0	475.16	100.0
一、初级产品	112.72	36.4	132.31	33.5	144.06	30.3
1.食品及活动物	44.48	14.4	47.81	12.1	58.90	12.4
2.饮料及烟类	1.19	0.4	1.75	0.4	2.35	0.5
3.非食用原料（燃料除外）	29.08	9.4	36.50	9.3	42.57	9.0
4.矿产燃料、润滑油及有关原料	36.83	11.9	45.44	11.5	39.50	8.3
5.动植物油、脂及蜡	1.14	0.4	0.81	0.2	0.74	0.2
二、工业制成品	196.68	63.6	262.09	66.5	331.10	69.7
1.化学成品及有关产品	17.33	5.6	22.35	5.7	28.97	6.1
2.按原料分类的制成品	58.86	19.0	85.70	21.7	104.89	22.1
3.机械及运输设备	10.94	3.5	17.41	4.4	27.69	5.8
4.杂项制品	49.48	16.0	62.73	15.9	82.68	17.4
5.未分类商品	60.07	19.4	73.90	18.7	86.87	18.3

项目	1989		1990		1991	
	金额	比重%	金额	比重%	金额	比重%
出口总额	525.38	100.0	620.91	100.0	718.43	100.0
一、初级产品	150.78	28.7	158.86	25.6	161.45	22.5
1.食品及活动物	61.45	11.7	66.09	10.6	72.26	10.1
2.饮料及烟类	3.14	0.6	3.42	0.6	5.29	0.7
3.非食用原料（燃料除外）	42.12	8.0	35.37	5.7	34.86	4.9
4.矿产燃料、润滑油及有关原料	43.21	8.2	52.37	8.4	47.54	6.6

续表3

项目	1989		1990		1991	
	金额	比重%	金额	比重%	金额	比重%
5.动植物油、脂及蜡	0.86	0.2	1.61	0.3	1.50	0.2
二、工业制成品	374.62	71.3	462.04	74.4	556.98	77.5
1.化学成品及有关产品	32.01	6.1	37.30	6.0	38.18	5.3
2.按原料分类的制成品	108.97	20.7	125.76	20.3	144.56	20.1
3.机械及运输设备	38.74	7.4	55.88	9.0	71.49	10.0
4.杂项制品	107.55	20.5	126.86	20.4	166.20	23.1
5.未分类商品	87.35	16.6	116.24	18.7	136.55	19.0

项目	1992		1993		1994	
	金额	比重%	金额	比重%	金额	比重%
出口总额	849.40	100.0	917.44	100.0	1210.06	100.0
一、初级产品	170.04	20.0	166.66	18.2	197.08	16.3
1.食品及活动物	83.09	9.8	83.99	9.2	100.15	8.3
2.饮料及烟类	7.20	0.8	9.01	1.0	10.02	0.8
3.非食用原料（燃料除外）	31.43	3.7	30.52	3.3	41.27	3.4
4.矿产燃料、润滑油及有关原料	46.93	5.5	41.09	4.5	40.69	3.4
5.动植物油、脂及蜡	1.39	0.2	2.05	0.2	4.95	0.4
二、工业制成品	679.36	80.0	750.78	81.8	1012.98	83.7
1.化学成品及有关产品	43.48	5.1	46.23	5.0	62.36	5.2
2.按原料分类的制成品	161.35	19.0	163.92	17.9	232.18	19.2
3.机械及运输设备	132.19	15.6	152.81	16.7	218.95	18.1
4.杂项制品	342.34	40.3	387.81	42.3	499.37	41.3
5.未分类商品	–	–	–	–	0.12	0.0

续表4

项目	1995		1996		1997	
	金额	比重%	金额	比重%	金额	比重%
出口总额	1487.80	100.0	1510.48	100.0	1827.92	100.0
一、初级产品	214.85	14.4	219.25	14.5	239.53	13.1
1.食品及活动物	99.54	6.7	102.31	6.8	110.75	6.1
2.饮料及烟类	13.70	0.9	13.42	0.9	10.49	0.6
3.非食用原料（燃料除外）	43.75	2.9	40.45	2.7	41.95	2.3
4.矿产燃料、润滑油及有关原料	53.32	3.6	59.31	3.9	69.87	3.8
5.动植物油、脂及蜡	4.54	0.3	3.76	0.2	6.47	0.4
二、工业制成品	1272.95	85.6	1291.23	85.5	1588.37	86.9
1.化学成品及有关产品	90.94	6.1	88.77	5.9	102.27	5.6
2.按原料分类的制成品	322.40	21.7	284.98	18.9	344.32	18.8
3.机械及运输设备	314.07	21.1	353.12	23.4	437.09	23.9
4.杂项制品	545.48	36.7	564.24	37.4	704.65	38.5
5.未分类商品	0.06	–	0.12	0.0	0.04	0.0

项目	1998		1999		2000	
	金额	比重%	金额	比重%	金额	比重%
出口总额	1837.10	100.0	1949.31	100.0	2492.03	100.0
一、初级产品	205.49	11.2	199.40	10.2	254.60	10.2
1.食品及活动物	106.13	5.8	104.57	5.4	122.80	4.9
2.饮料及烟类	9.75	0.5	7.71	0.4	7.40	0.3
3.非食用原料（燃料除外）	35.19	1.9	39.21	2.0	44.60	1.8
4.矿产燃料、润滑油及有关原料	51.35	2.8	46.59	2.4	78.50	3.2

续表5

项目	1998		1999		2000	
	金额	比重%	金额	比重%	金额	比重%
5.动植物油、脂及蜡	3.07	0.2	1.32	0.1	1.20	0.0
二、工业制成品	1631.61	88.8	1749.90	89.8	2237.50	89.8
1.化学成品及有关产品	103.21	5.6	103.73	5.3	121.05	4.9
2.按原料分类的制成品	323.80	17.6	332.62	17.1	425.50	17.1
3.机械及运输设备	502.30	27.3	588.36	30.2	826.00	33.1
4.杂项制品	702.25	38.2	725.10	37.2	862.80	34.6
5.未分类商品	0.05	0.0	0.09	0.0	2.20	0.1

项目	2001		2002		2003	
	金额	比重%	金额	比重%	金额	比重%
出口总额	2660.98	100.0	3255.96	100.0	4382.28	100.0
一、初级产品	263.36	9.9	285.40	8.8	348.12	7.9
1.食品及活动物	127.78	4.8	146.23	4.5	175.33	4.0
2.饮料及烟类	8.74	0.3	9.84	0.3	10.19	0.2
3.非食用原料（燃料除外）	41.69	1.6	44.04	1.4	50.33	1.1
4.矿产燃料、润滑油及有关原料	84.05	3.2	84.35	2.6	111.10	2.5
5.动植物油、脂及蜡	1.11	0.0	0.98	0.0	1.15	0.0
二、工业制成品	2397.62	90.1	2970.56	91.2	4034.16	92.1
1.化学成品及有关产品	133.54	5.0	153.25	4.7	195.81	4.5
2.按原料分类的制成品	438.14	16.5	529.55	16.3	690.18	15.7
3.机械及运输设备	949.01	35.7	1269.76	39.0	1877.73	42.8
4.杂项制品	871.62	32.8	1012.23	31.1	1261.90	28.8
5.未分类商品	5.33	0.2	5.78	0.2	8.54	0.2

续表6

项目	2004		2005		2006	
	金额	比重%	金额	比重%	金额	比重%
出口总额	5933.26	100.0	7619.53	100.0	9689.78	100.0
一、初级产品	405.49	6.8	490.31	6.4	529.25	5.5
1.食品及活动物	188.64	3.2	224.81	3.0	257.22	2.7
2.饮料及烟类	12.14	0.2	11.83	0.2	11.93	0.1
3.非食用原料（燃料除外）	58.43	1.0	74.78	1.0	78.62	0.8
4.矿产燃料、润滑油及有关原料	144.80	2.4	176.21	2.3	177.76	1.8
5.动植物油、脂及蜡	1.48	0.0	2.68	0.0	3.73	0.0
二、工业制成品	5527.77	93.2	7129.22	93.6	9161.47	94.5
1.化学成品及有关产品	263.60	4.4	357.72	4.7	445.31	4.6
2.按原料分类的制成品	1006.46	17.0	1291.21	16.9	1748.36	18.0
3.机械及运输设备	2682.60	45.2	3522.34	46.2	4563.64	47.1
4.杂项制品	1563.98	26.4	1941.83	25.5	2380.29	24.6
5.未分类商品	11.12	0.2	16.12	0.2	23.88	0.2

项目	2007		2008		2009	
	金额	比重%	金额	比重%	金额	比重%
出口总额	12200.60	100.0	14306.93	100.0	12016.12	100.0
一、初级产品	621.90	5.1	779.57	5.4	631.12	5.3
1.食品及活动物	307.51	2.5	327.62	2.3	326.28	2.7
2.饮料及烟类	13.96	0.1	15.29	0.1	16.41	0.1
3.非食用原料（燃料除外）	88.90	0.7	113.19	0.8	81.53	0.7
4.矿产燃料、润滑油及有关原料	208.60	1.7	317.73	2.2	203.74	1.7

续表7

项目	2007		2008		2009	
	金额	比重%	金额	比重%	金额	比重%
5.动植物油、脂及蜡	3.01	0.0	5.74	0.0	3.16	0.0
二、工业制成品	11566.47	94.8	13527.36	94.6	11385.00	94.7
1.化学成品及有关产品	603.34	4.9	793.46	5.5	620.17	5.2
2.按原料分类的制成品	2200.49	18.0	2623.91	18.3	1848.16	15.4
3.机械及运输设备	5770.72	47.3	6733.29	47.1	5902.74	49.1
4.杂项制品	2970.17	24.3	3359.59	23.5	2997.47	24.9
5.未分类商品	21.76	0.2	17.10	0.1	16.46	0.1

项目	2010		2011		2012	
	金额	比重%	金额	比重%	金额	比重%
出口总额	15777.54	100.0	18983.81	100.0	20487.14	100.0
一、初级产品	815.25	5.2	1003.34	5.3	1005.58	4.9
1.食品及活动物	411.53	2.6	504.93	2.7	520.76	2.5
2.饮料及烟类	19.06	0.1	22.76	0.1	25.90	0.1
3.非食用原料（燃料除外）	114.43	0.7	147.66	0.8	143.41	0.7
4.矿产燃料、润滑油及有关原料	267.00	1.7	322.74	1.7	310.14	1.5
5.动植物油、脂及蜡	3.56	0.0	5.26	0.0	5.44	0.0
二、工业制成品	14957.56	94.8	17974.48	94.7	19481.81	95.1
1.化学成品及有关产品	875.72	5.6	1147.88	6.0	1135.72	5.5
2.按原料分类的制成品	2491.08	15.8	3195.60	16.8	3331.60	16.3
3.机械及运输设备	7802.69	49.5	9017.74	47.5	9643.70	47.1
4.杂项制品	3773.39	23.9	4589.82	24.2	5356.75	26.1
5.未分类商品	14.68	0.1	23.43	0.1	14.26	0.1

续表8

项目	2013		2014		2015	
	金额	比重%	金额	比重%	金额	比重%
出口总额	22090.04	100.0	23422.93	100.0	22734.68	100.0
一、初级产品	1072.83	4.9	1126.83	4.8	1038.86	4.6
1.食品及活动物	557.29	2.5	589.07	2.5	581.58	2.6
2.饮料及烟类	26.08	0.1	28.83	0.1	33.09	0.1
3.非食用原料（燃料除外）	145.70	0.7	158.25	0.7	138.69	0.6
4.矿产燃料、润滑油及有关原料	337.92	1.5	344.46	1.5	279.10	1.2
5.动植物油、脂及蜡	5.84	0.0	6.23	0.0	6.45	0.0
二、工业制成品	21017.21	95.1	22296.09	95.2	21695.93	95.4
1.化学成品及有关产品	1196.59	5.4	1345.67	5.7	1295.80	5.7
2.按原料分类的制成品	3606.65	16.3	4002.97	17.1	3910.21	17.2
3.机械及运输设备	10392.56	47.0	10704.25	45.7	10591.19	46.6
4.杂项制品	5814.48	26.3	6220.54	26.6	5874.44	25.8
5.未分类商品	6.91	0.1	22.67	0.1	24.29	0.1

项目	2016		2017		2018	
	金额	比重%	金额	比重%	金额	比重%
出口总额	20976.31	100.0	22633.45	100.0	24866.96	100.0
一、初级产品	1051.87	5.0	1177.33	5.2	1349.92	5.4
1.食品及活动物	610.98	2.9	626.26	2.8	654.71	2.6
2.饮料及烟类	35.39	0.2	34.68	0.2	37.13	0.1
3.非食用原料（燃料除外）	131.02	0.6	154.40	0.7	180.21	0.7
4.矿产燃料、润滑油及有关原料	268.73	1.3	353.89	1.6	467.22	1.9

续表9

项目	2016		2017		2018	
	金额	比重%	金额	比重%	金额	比重%
5.动植物油、脂及蜡	5.75	0.0	8.10	0.0	10.65	0.0
二、工业制成品	19924.45	95.0	21456.38	94.8	23517.02	94.6
1.化学成品及有关产品	1219.27	5.8	1412.93	6.2	1674.66	6.7
2.按原料分类的制成品	3512.45	16.7	3685.64	16.3	4046.84	16.3
3.机械及运输设备	9842.09	46.9	10823.29	47.8	12078.14	48.6
4.杂项制品	5294.94	25.2	5476.92	24.2	5658.64	22.8
5.未分类商品	55.70	0.3	57.60	0.3	58.74	0.2

项目	2019		2020	
	金额	比重%	金额	比重%
出口总额	24994.82	100.0	25906.46	100.0
一、初级产品	1339.70	5.4	1154.71	4.5
1.食品及活动物	650.00	2.6	635.53	2.5
2.饮料及烟类	34.68	0.1	24.78	0.1
3.非食用原料（燃料除外）	172.24	0.7	159.21	0.6
4.矿产燃料、润滑油及有关原料	471.23	1.9	321.15	1.2
5.动植物油、脂及蜡	11.54	0.0	14.05	0.1
二、工业制成品	23655.13	94.6	24751.75	95.5
1.化学成品及有关产品	1617.65	6.5	1691.93	6.5
2.按原料分类的制成品	4067.33	16.3	4342.33	16.8
3.机械及运输设备	11954.44	47.8	12583.10	48.6
4.杂项制品	5835.02	23.3	5848.90	22.6
5.未分类商品	180.69	0.7	285.48	1.1

表6　对外贸易进口商品构成

金额单位：亿美元

项目	1980		1981		1982	
	金额	比重%	金额	比重%	金额	比重%
进口总额	200.20	100.0	220.15	100.0	192.85	100.0
一、初级产品	69.60	34.8	80.44	36.5	76.34	39.6
1.食品及活动物	29.27	14.6	36.22	16.5	42.01	21.8
2.饮料及烟类	0.36	0.2	2.13	1.0	1.30	0.7
3.非食用原料（燃料除外）	35.54	17.8	40.27	18.3	30.12	15.6
4.矿产燃料、润滑油及有关原料	2.04	1.0	0.83	0.4	1.83	0.9
5.动植物油、脂及蜡	2.39	1.2	0.99	0.4	1.08	0.6
二、工业制成品	130.60	65.2	139.66	63.4	116.50	60.4
1.化学成品及有关产品	29.10	14.5	26.06	11.8	29.36	15.2
2.按原料分类的制成品	41.54	20.7	40.35	18.3	39.06	20.3
3.机械及运输设备	51.20	25.6	58.66	26.6	32.04	16.6
4.杂项制品	5.42	2.7	5.56	2.5	4.86	2.5
5.未分类商品	3.34	1.7	9.03	4.1	11.20	5.8

项目	1983		1984		1985	
	金额	比重%	金额	比重%	金额	比重%
进口总额	213.90	100.0	274.10	100.0	422.52	100.0
一、初级产品	58.08	27.2	52.08	19.0	52.89	12.5
1.食品及活动物	31.22	14.6	23.31	8.5	15.53	3.7
2.饮料及烟类	0.46	0.2	1.16	0.4	2.06	0.5
3.非食用原料（燃料除外）	24.59	11.5	25.42	9.3	32.36	7.7
4.矿产燃料、润滑油及有关原料	1.11	0.5	1.39	0.50	1.72	0.4

续表1

项目	1983		1984		1985	
	金额	比重%	金额	比重%	金额	比重%
5.动植物油、脂及蜡	0.70	0.4	0.80	0.3	1.22	0.3
二、工业制成品	155.82	72.8	222.02	81.0	369.61	87.5
1.化学成品及有关产品	31.83	14.9	42.37	15.5	44.69	10.6
2.按原料分类的制成品	62.89	29.4	73.18	26.7	118.98	28.2
3.机械及运输设备	39.88	18.6	72.45	26.4	162.39	38.4
4.杂项制品	7.82	3.7	11.82	4.3	19.02	4.5
5.未分类商品	13.40	6.2	22.20	8.1	24.53	5.8

项目	1986		1987		1988	
	金额	比重%	金额	比重%	金额	比重%
进口总额	429.04	100.0	432.16	100.0	552.75	100.0
一、初级产品	56.49	13.2	69.09	16.0	100.68	18.2
1.食品及活动物	16.25	3.8	24.40	5.6	34.76	6.3
2.饮料及烟类	1.72	0.4	2.63	0.6	3.46	0.6
3.非食用原料（燃料除外）	31.43	7.3	33.21	7.7	50.90	9.2
4.矿产燃料、润滑油及有关原料	5.04	1.2	5.36	1.2	7.88	1.4
5.动植物油、脂及蜡	2.05	0.5	3.49	0.8	3.69	0.7
二、工业制成品	372.51	86.8	363.01	84.0	452.07	81.8
1.化学成品及有关产品	37.70	8.8	50.08	11.6	91.39	16.5
2.按原料分类的制成品	111.91	26.1	97.30	22.5	104.10	18.8
3.机械及运输设备	167.80	39.1	146.07	33.8	166.97	30.2
4.杂项制品	18.77	4.4	18.78	4.3	19.82	3.6
5.未分类商品	36.33	8.5	50.78	11.8	69.79	12.6

续表2

项目	1989		1990		1991	
	金额	比重%	金额	比重%	金额	比重%
进口总额	591.40	100.0	533.45	100.0	637.91	100.0
一、初级产品	117.54	19.9	98.58	18.5	108.34	17.0
1.食品及活动物	41.92	7.1	33.40	6.3	27.99	4.4
2.饮料及烟类	2.02	0.3	1.57	0.3	2.00	0.3
3.非食用原料（燃料除外）	48.35	8.2	41.07	7.7	50.03	7.8
4.矿产燃料、润滑油及有关原料	16.50	2.8	12.72	2.4	21.13	3.3
5.动植物油、脂及蜡	8.75	1.5	9.82	1.8	7.19	1.1
二、工业制成品	473.86	80.1	434.92	81.5	529.56	83.0
1.化学成品及有关产品	75.56	12.8	66.48	12.5	92.77	14.5
2.按原料分类的制成品	123.35	20.9	89.06	16.7	104.93	16.4
3.机械及运输设备	182.07	30.8	168.45	31.6	196.01	30.7
4.杂项制品	20.73	3.5	21.03	3.9	24.39	3.8
5.未分类商品	72.15	12.1	89.90	16.9	111.46	17.5

项目	1992		1993		1994	
	金额	比重%	金额	比重%	金额	比重%
进口总额	805.85	100.0	1039.59	100.0	1156.14	100.0
一、初级产品	132.60	16.5	142.10	13.7	164.85	14.3
1.食品及活动物	31.50	3.9	22.06	2.1	31.37	2.7
2.饮料及烟类	2.40	0.3	2.45	0.2	0.68	0.1
3.非食用原料（燃料除外）	57.75	7.2	54.38	5.2	74.37	6.4
4.矿产燃料、润滑油及有关原料	35.70	4.4	58.19	5.6	40.34	3.5

续表3

项目	1992		1993		1994	
	金额	比重%	金额	比重%	金额	比重%
5.动植物油、脂及蜡	5.25	0.7	5.02	0.5	18.09	1.6
二、工业制成品	673.30	83.6	897.49	86.3	991.28	85.7
1.化学成品及有关产品	111.57	13.8	97.04	9.3	121.30	10.5
2.按原料分类的制成品	192.73	23.9	285.26	27.4	280.84	24.3
3.机械及运输设备	313.12	38.9	450.23	43.3	514.67	44.5
4.杂项制品	55.88	6.9	64.95	6.2	67.68	5.9
5.未分类商品	–	–	–	–	6.79	0.6
项目	1995		1996		1997	
	金额	比重%	金额	比重%	金额	比重%
进口总额	1320.84	100.0	1388.33	100.0	1423.70	100.0
一、初级产品	244.16	18.5	254.41	18.3	286.20	20.1
1.食品及活动物	61.32	4.6	56.71	4.1	43.04	3.0
2.饮料及烟类	3.93	0.3	4.97	0.4	3.20	0.2
3.非食用原料（燃料除外）	101.59	7.7	106.98	7.7	120.06	8.4
4.矿产燃料、润滑油及有关原料	51.27	3.9	68.78	5.0	103.06	7.2
5.动植物油、脂及蜡	26.05	2.0	16.97	1.2	16.84	1.2
二、工业制成品	1076.67	81.5	1133.92	81.7	1137.50	79.9
1.化学成品及有关产品	172.99	13.1	181.06	13.0	192.97	13.6
2.按原料分类的制成品	287.71	21.8	313.91	22.6	322.20	22.6
3.机械及运输设备	526.42	39.9	547.64	39.4	527.74	37.1
4.杂项制品	82.61	6.3	84.86	6.1	85.50	6.0
5.未分类商品	6.93	0.5	6.46	0.5	9.09	0.6

续表4

项目	1998		1999		2000	
	金额	比重%	金额	比重%	金额	比重%
进口总额	1402.37	100.0	1656.99	100.0	2250.94	100.0
一、初级产品	229.48	16.4	268.46	16.2	467.40	20.8
1.食品及活动物	37.88	2.7	36.19	2.2	47.60	2.1
2.饮料及烟类	1.78	0.1	2.08	0.1	3.60	0.2
3.非食用原料（燃料除外）	107.15	7.6	127.40	7.7	200.00	8.9
4.矿产燃料、润滑油及有关原料	67.76	4.8	89.12	5.4	206.40	9.2
5.动植物油、脂及蜡	14.91	1.1	13.67	0.8	9.80	0.4
二、工业制成品	1172.92	83.6	1388.53	83.8	1783.60	79.2
1.化学成品及有关产品	201.58	14.4	240.30	14.5	302.10	13.4
2.按原料分类的制成品	310.75	22.2	343.17	20.7	418.10	18.6
3.机械及运输设备	568.49	40.5	694.73	41.9	919.30	40.8
4.杂项制品	84.56	6.0	97.01	5.9	127.50	5.7
5.未分类商品	7.54	0.5	13.32	0.8	16.50	0.7

项目	2001		2002		2003	
	金额	比重%	金额	比重%	金额	比重%
进口总额	2435.53	100.0	2951.70	100.0	4127.60	100.0
一、初级产品	457.74	18.8	492.72	16.7	727.83	17.6
1.食品及活动物	49.76	2.0	52.37	1.8	59.59	1.4
2.饮料及烟类	4.12	0.2	3.87	0.1	4.91	0.1
3.非食用原料（燃料除外）	221.28	9.1	227.37	7.7	341.19	8.3
4.矿产燃料、润滑油及有关原料	174.95	7.2	192.85	6.5	292.14	7.1

续表5

项目	2001		2002		2003	
	金额	比重%	金额	比重%	金额	比重%
5.动植物油、脂及蜡	7.63	0.3	16.25	0.6	30.01	0.7
二、工业制成品	1978.40	81.2	2459.31	83.3	3400.53	82.4
1.化学成品及有关产品	321.06	13.2	390.40	13.2	489.80	11.9
2.按原料分类的制成品	419.39	17.2	484.92	16.4	639.05	15.5
3.机械及运输设备	1070.42	44.0	1370.34	46.4	1928.69	46.7
4.杂项制品	150.76	6.2	198.01	6.7	330.17	8.0
5.未分类商品	16.77	0.7	15.64	0.5	12.82	0.3

项目	2004		2005		2006	
	金额	比重%	金额	比重%	金额	比重%
进口总额	5612.29	100.0	6599.53	100.0	7914.61	100.0
一、初级产品	1173.00	20.9	1477.10	22.4	1871.41	23.6
1.食品及活动物	91.56	1.6	93.88	1.4	99.97	1.3
2.饮料及烟类	5.48	0.1	7.82	0.1	10.41	0.1
3.非食用原料（燃料除外）	553.78	9.9	702.12	10.6	831.64	10.5
4.矿产燃料、润滑油及有关原料	480.03	8.6	639.57	9.7	890.02	11.2
5.动植物油、脂及蜡	42.14	0.8	33.70	0.5	39.38	0.5
二、工业制成品	4441.23	79.1	5124.09	77.6	6044.72	76.4
1.化学成品及有关产品	657.44	11.7	777.42	11.8	870.79	11.0
2.按原料分类的制成品	740.72	13.2	811.59	12.3	869.60	11.0
3.机械及运输设备	2526.24	45.0	2906.28	44.0	3571.07	45.1
4.杂项制品	501.55	8.9	608.72	9.2	712.95	9.0
5.未分类商品	15.29	0.3	20.08	0.3	20.30	0.3

续表6

项目	2007		2008		2009	
	金额	比重%	金额	比重%	金额	比重%
进口总额	9561.15	100.0	11325.62	100.0	10059.23	100.0
一、初级产品	2429.77	25.4	3623.95	32.0	2898.05	28.8
1.食品及活动物	114.97	1.2	140.51	1.2	148.27	1.5
2.饮料及烟类	14.01	0.1	19.20	0.2	19.54	0.2
3.非食用原料（燃料除外）	1179.09	12.3	1666.95	14.7	1413.47	14.1
4.矿产燃料、润滑油及有关原料	1048.26	11.0	1692.42	14.9	1240.38	12.3
5.动植物油、脂及蜡	73.44	0.8	104.86	0.9	76.39	0.8
二、工业制成品	7128.41	74.6	7701.71	68.0	7161.22	71.2
1.化学成品及有关产品	1074.99	11.2	1191.88	10.5	1120.90	11.1
2.按原料分类的制成品	1028.66	10.8	1071.58	9.5	1077.42	10.7
3.机械及运输设备	4125.08	43.1	4417.65	39.0	4077.97	40.5
4.杂项制品	875.04	9.2	976.41	8.6	851.86	8.5
5.未分类商品	24.64	0.3	44.20	0.4	33.07	0.3

项目	2010		2011		2012	
	金额	比重%	金额	比重%	金额	比重%
进口总额	13962.47	100.0	17434.84	100.0	18184.05	100.0
一、初级产品	4325.56	31.0	6042.69	34.7	6347.03	34.9
1.食品及活动物	215.66	1.5	287.74	1.7	352.61	1.9
2.饮料及烟类	24.29	0.2	36.85	0.2	44.03	0.2
3.非食用原料（燃料除外）	2111.18	15.1	2849.23	16.3	2695.61	14.8
4.矿产燃料、润滑油及有关原料	1887.04	13.5	2757.76	15.8	3129.51	17.2
5.动植物油、脂及蜡	87.40	0.6	111.12	0.6	125.27	0.7

续表7

项目	2010		2011		2012	
	金额	比重%	金额	比重%	金额	比重%
二、工业制成品	9622.72	68.9	11392.15	65.3	11833.65	65.1
1.化学成品及有关产品	1496.36	10.7	1811.06	10.4	1792.84	9.9
2.按原料分类的制成品	1311.13	9.4	1503.04	8.6	1459.21	8.0
3.机械及运输设备	5495.61	39.4	6305.70	36.2	6528.34	35.9
4.杂项制品	1135.26	8.1	1277.22	7.3	1365.53	7.5
5.未分类商品	184.37	1.3	495.1	2.8	687.73	3.8

项目	2013		2014		2015	
	金额	比重%	金额	比重%	金额	比重%
进口总额	19499.89	100.0	19592.35	100.0	16795.64	100.0
一、初级产品	6576.01	33.7	6470.92	33.0	4718.53	28.1
1.食品及活动物	416.99	2.1	467.98	2.4	505.00	3.0
2.饮料及烟类	45.10	0.2	52.15	0.3	57.74	0.3
3.非食用原料（燃料除外）	2861.43	14.7	2699.66	13.8	2095.38	12.5
4.矿产燃料、润滑油及有关原料	3149.06	16.1	3166.24	16.2	1985.95	11.8
5.动植物油、脂及蜡	103.43	0.5	84.89	0.4	74.51	0.4
二、工业制成品	12923.88	66.3	13121.43	67.0	12078.71	71.9
1.化学成品及有关产品	1902.98	9.8	1932.70	9.9	1712.65	10.2
2.按原料分类的制成品	1482.92	7.6	1723.25	8.8	1330.34	7.9
3.机械及运输设备	7103.50	36.4	7240.61	37.0	6824.56	40.6
4.杂项制品	1390.11	7.1	1397.68	7.1	1346.90	8.0
5.未分类商品	1044.37	5.4	827.20	4.2	864.25	5.1

续表8

项目	2016		2017		2018	
	金额	比重%	金额	比重%	金额	比重%
进口总额	15879.26	100.0	18437.93	100.0	21357.48	100.0
一、初级产品	4409.04	27.8	5796.03	31.4	7017.36	32.9
1.食品及活动物	491.56	3.1	543.14	2.9	648.01	3.0
2.饮料及烟类	60.96	0.4	70.28	0.4	76.65	0.4
3.非食用原料（燃料除外）	2025.43	12.8	2610.00	14.2	2721.44	12.7
4.矿产燃料、润滑油及有关原料	1765.22	11.1	2496.17	13.5	3493.56	16.4
5.动植物油、脂及蜡	65.89	0.4	76.43	0.4	77.70	0.4
二、工业制成品	11468.71	72.2	12641.55	68.6	14340.37	67.1
1.化学成品及有关产品	1641.17	10.3	1937.31	10.5	2236.36	10.5
2.按原料分类的制成品	1219.20	7.7	1351.47	7.3	1513.71	7.1
3.机械及运输设备	6578.24	41.4	7348.65	39.9	8396.71	39.3
4.杂项制品	1261.43	7.9	1343.32	7.3	1437.40	6.7
5.未分类商品	768.68	4.8	660.79	3.58	756.18	3.5

项目	2019		2020	
	金额	比重%	金额	比重%
进口总额	20784.09	100.0	20556.12	100.0
一、初级产品	7298.00	35.1	6770.74	32.9
1.食品及活动物	807.35	3.9	981.94	4.8
2.饮料及烟类	76.61	0.4	62.14	0.3
3.非食用原料（燃料除外）	2849.41	13.7	2944.83	14.3
4.矿产燃料、润滑油及有关原料	3472.33	16.7	2675.35	13.0
5.动植物油、脂及蜡	92.31	0.4	106.47	0.5

续表9

项目	2019		2020	
	金额	比重%	金额	比重%
二、工业制成品	13484.57	64.9	13785.38	67.1
1.化学成品及有关产品	2187.33	10.5	2133.32	10.4
2.按原料分类的制成品	1400.42	6.7	1682.78	8.2
3.机械及运输设备	7866.38	37.8	8285.88	40.3
4.杂项制品	1442.12	6.9	1460.15	7.1
5.未分类商品	588.31	2.8	223.25	1.1

表7　对外贸易出口分贸易方式

金额单位：亿美元

年份	合计	一般贸易	加工贸易	其他
1981	220.1	208.0	11.3	0.8
1982	223.2	206.7	15.2	1.4
1983	222.3	201.6	19.4	1.2
1984	261.4	231.6	29.3	0.5
1985	273.5	237.3	33.2	3.0
1986	309.4	251.0	56.2	2.3
1987	394.4	296.4	89.9	8.0
1988	475.2	326.2	140.6	8.3
1989	525.4	315.5	197.9	12.0
1990	620.9	354.6	254.2	12.1
1991	718.4	381.2	324.3	12.9
1992	849.4	436.8	396.2	16.4
1993	917.4	432.0	442.5	42.9
1994	1210.1	615.6	569.8	24.7
1995	1487.8	713.7	737.0	37.1

续表

年份	合计	一般贸易	加工贸易	其他
1996	1510.5	628.4	843.3	38.8
1997	1827.9	779.7	996.0	52.2
1998	1837.1	742.2	1044.7	50.2
1999	1949.3	791.1	1108.7	49.5
2000	2492.0	1051.9	1376.6	63.5
2001	2661.0	1119.2	1474.5	67.3
2002	3256.0	1362.0	1799.4	94.6
2003	4382.3	1820.3	2418.5	143.5
2004	5933.3	2436.4	3279.9	217.0
2005	7619.5	3150.9	4164.8	303.8
2006	9689.8	4163.2	5103.8	422.8
2007	12200.6	5385.8	6176.6	638.3
2008	14306.9	6628.6	6751.1	927.2
2009	12016.1	5298.1	5868.6	849.4
2010	15777.5	7207.3	7403.3	1166.9
2011	18983.8	9171.2	8354.2	1458.4
2012	20487.1	9880.1	8627.8	1979.3
2013	22090.0	10875.5	8608.2	2606.3
2014	23422.9	12036.8	8843.6	2542.5
2015	22734.7	12148.0	7975.3	2611.4
2016	20976.3	11313.7	7153.3	2509.4
2017	22633.4	12299.9	7587.7	2745.8
2018	24867.0	14004.1	7970.8	2892.1
2019	24994.8	14444.1	7354.4	3196.4
2020	25906.5	15373.7	7024.8	3508.0

表8 对外贸易进口分贸易方式

金额单位：亿美元

年份	合计	一般贸易	加工贸易	其他
1981	220.2	203.7	15.0	1.5
1982	192.9	170.2	20.1	2.6
1983	213.9	187.7	22.7	3.5
1984	274.1	238.5	31.5	4.1
1985	422.5	372.7	42.7	7.1
1986	429.0	352.1	67.0	9.9
1987	432.2	287.7	101.9	42.5
1988	552.7	352.0	151.1	49.6
1989	591.4	356.1	171.6	63.6
1990	533.5	262.0	187.6	83.9
1991	637.9	295.4	250.3	92.2
1992	805.9	336.2	315.4	154.3
1993	1039.6	380.5	363.7	295.4
1994	1156.2	355.2	475.7	325.3
1995	1320.8	433.7	583.7	303.4
1996	1388.3	393.6	622.7	372.0
1997	1423.7	390.3	702.1	331.3
1998	1402.4	436.4	685.7	280.3
1999	1657.0	670.4	735.9	250.7
2000	2250.9	1000.8	925.6	324.5
2001	2435.5	1134.7	939.8	361.0
2002	2951.7	1291.2	1222.2	438.3
2003	4127.6	1877.0	1629.4	621.3

续表

年份	合计	一般贸易	加工贸易	其他
2004	5612.3	2482.3	2217.4	912.6
2005	6599.5	2797.2	2740.3	1062.1
2006	7914.6	3331.8	3215.0	1367.8
2007	9561.2	4286.5	3683.9	1590.7
2008	11325.6	5720.9	3783.9	1820.8
2009	10059.2	5344.7	3222.9	1491.6
2010	13962.5	7679.8	4174.3	2108.4
2011	17434.8	10074.6	4698.0	2662.2
2012	18184.1	10218.2	4811.7	3154.2
2013	19499.9	11097.2	4969.9	3432.8
2014	19592.3	11095.1	5243.8	3253.4
2015	16795.6	9225.5	4466.4	3103.8
2016	15879.3	9006.3	3964.4	2908.5
2017	18437.9	10853.7	4312.8	3271.5
2018	21357.5	12741.2	4701.3	3915.0
2019	20784.1	12577.7	4172.9	4033.4
2020	20556.1	12423.0	4033.9	4099.3

表9　对外贸易出口分省、自治区、直辖市

金额单位：亿美元

地区	1990年	1995年	2000年	2005年	2010年	2015年	2020年
北京	11.2	102.5	119.7	308.7	554.4	546.7	670.1
天津	17.8	40.6	86.3	273.8	374.8	511.8	443.6
河北	19.0	28.7	37.1	109.2	225.6	329.4	364.6

续表1

地区	1990年	1995年	2000年	2005年	2010年	2015年	2020年
山西	2.6	11.4	12.4	35.3	47.0	84.2	127.3
内蒙古	2.9	5.0	9.7	17.7	33.3	56.5	50.4
辽宁	52.5	82.3	108.6	234.4	431.0	507.1	383.3
吉林	7.9	11.0	12.6	24.7	44.8	46.5	42.0
黑龙江	10.7	11.7	14.5	60.7	162.8	80.3	52.0
上海	54.8	129.6	253.5	907.2	1807.1	1959.4	1981.1
江苏	29.4	97.9	257.7	1229.7	2705.4	3386.7	3962.8
浙江	21.9	76.9	194.4	768.0	1804.6	2766.0	3632.7
安徽	5.7	13.9	21.7	51.9	124.1	322.8	455.8
福建	24.5	79.1	129.1	348.4	714.9	1130.2	1224.0
江西	5.4	10.4	12.0	24.4	134.2	331.3	420.9
山东	34.2	81.6	155.3	461.2	1042.3	1440.6	1890.4
河南	7.9	13.6	15.0	50.9	105.3	430.7	593.0
湖北	9.5	19.8	19.4	44.3	144.4	292.1	390.6
湖南	8.0	14.7	16.5	37.5	79.6	191.4	478.6
广东	221.3	565.7	919.2	2381.6	4531.9	6435.1	6283.7
广西	8.1	17.0	14.9	28.8	96.0	280.3	391.9
海南	5.4	9.2	8.0	10.2	23.2	37.4	40.1
四川	6.6	22.7	13.9	47.0	188.4	332.3	672.5
重庆	3.3	8.3	10.0	25.2	74.9	551.9	605.3
贵州	1.4	4.4	4.2	8.6	19.2	99.5	62.3
云南	4.5	12.6	11.8	26.4	76.1	166.2	221.4
西藏	0.2	0.1	1.1	1.7	7.7	5.9	1.9
陕西	4.1	12.7	13.1	30.8	62.1	147.9	278.9

续表2

地区	1990年	1995年	2000年	2005年	2010年	2015年	2020年
甘肃	1.6	3.6	4.2	10.9	16.4	58.1	12.4
青海	0.7	1.3	1.1	3.2	4.7	16.4	1.8
宁夏	0.7	1.7	3.3	6.9	11.7	29.8	12.5
新疆	3.0	5.9	12.0	50.4	129.7	175.1	158.4

后　记

“十四五”时期是我国由全面建成小康社会向基本实现社会主义现代化迈进的关键期，也是统计事业改革发展的重要战略期，深入研究梳理海关统计制度方法改革和发展的历程有助于我们更清楚地认识统计工作“从哪里来”“到哪里去”，更客观全面地理解“为谁统计”“统计什么”“怎么统计”等一系列统计根本问题，也有助于我们回忆并学习一代代海关统计人对海关统计制度方法的开拓与耕耘，如何在创新与发展中成就了如今海关统计闪耀的灼灼光华。

本书最初的酝酿是在2019年，当时大家正在整理近年来海关统计制度方法的一些文件，不谋而合地想到了编写一本书籍，系统全面地回顾梳理海关统计制度方法的历史。这一想法在2020年秋天变为现实，说干就干，原班人马开始了紧锣密鼓的准备，然而短暂的兴奋与激动过后，忐忑与张皇随之而来，这40年历史的厚重与沉淀、40年的真情和笃意岂是一本书可以诉得清、说得尽的！

编写之初，我们怀着敬畏之情，探讨本书最终呈现的模样，数次争论、反复斟酌亦未敢动笔，随着搜集和掌握的资料越来越多，我们也愈发感受到肩上的责任和重担，当海关统计制度方法40年的历史沉甸甸地横亘眼前，一种莫可名状的责任感和使命感油然而生。

我们是站在前辈的肩膀上编写这本书的。在编写的过程中，我们真切地感受到，整理收录海关统计制度方法的历史，一方面是为了铭记、感谢海关统计前辈们，他们的艰辛奋斗为中国海关统计制度方法积累了如此丰厚的宝贵财富，让后人记住这段历史和这份情意；另一方面是为了传承、弘扬海关统计制度方法沉淀的思想和精神，赠予后来人智慧之光芒，让海关统计在未来仍然可以不惧风雨、不畏成长，赓续生生不息的勇敢力量。

编写的过程并非一帆风顺，从初次讨论到全书付梓用时近两年，其间我们克服了种种意想不到的困难：在资料收集过程中，一些年代久远的文献史料缺漏，我们尽力查找、翻阅、考证，在海关总署、广州海关、深圳海关的档案室，一摞摞积年的文件和书稿被唤醒；在海关发布、海关出版等公众号，一张张泛黄的老照片和影印本被凝视，在这些尘封已久的讯息中我们寻找着缺漏部分的蛛丝马迹，通过相互印证还原着那段历史本来的面貌。在编写的进程中，受新冠肺炎疫情的影响，编写组成员无法碰面，只能一次次在线上集中讨论，尤其是在最后两个月的统稿期间，4 人小组坚持每日通过线上视频会议审阅校核，从内容到体例、结构到逻辑、文字到数据，每一章节多次统校完善，几百小时的线上集中统稿字斟句酌、竭力虔心。

本书的编写工作由海关总署统计分析司牵头，初稿的主要编写人员为黄白桦、鲁婷婷（第一、第二章），陈媛媛、赵燕虹（第三章），杜妍、彭玉鸽（第四章），马建华、张嘉琪、方正、张炬（第五、第六章）。在初稿的基础上，彭纯玲、马建华对全书提出了结构性的修改建议，李芊、鲁婷婷、陈媛媛、赵燕虹对全书作了修改完善。全书由彭纯玲、李芊、马建华、鲁婷婷统稿，翟小元、齐卫国作了大量文字润色工作。

陈媛媛、赵燕虹完成了本书的图片收集整理工作，张辉、陆亮完成了图表收集整理工作，尹佳康、季阳、王金刚、何凡、梁晓青、李云、李靖、封萌芳、袁野、林芊彤、石磊、杨凡、钟小华、林静怡、朱征、李秋云、吕洪财、曹洁、王瑀、吴蕾等协助搜集整理资料。感谢海关总署档案室、上海海关、厦门海关、中国海关出版社数字出版部对编写工作提供的帮助，特别感谢编写人员所在单位广州海关、深圳海关、哈尔滨海关、黄埔海关、上海海关、杭州海关、成都海关对编写人员的鼎力支持！

本书的编写工作还得到了海关统计前辈和海关同仁的关心和关注，张

丽川、李延、梁聚云、郑跃声、黄颂平、陈冀川、黄健玲、李兰海、马晓明、金弘蔓、乔进明、温韧等提供了许多珍贵的历史资料和宝贵思路，深圳海关80多岁的应淑英老前辈还专门作了回忆记录，对于这些支持和帮助，在此一并表示衷心感谢！

由于编写时间和编写人员水平有限，书中疏漏之处在所难免，敬请各位读者批评指正。

编者

2021年10月